古本マニア採集帖

南陀楼綾繁

皓星社

はじめに

古本屋や即売会、ブックイベントでしょっちゅう見かける人たちがいる。なかには知り合いもいるが、大半は言葉を交わしたこともない。隣に並んで本棚を眺めているだけだが、どことなく同じ本好きという安心感がある。それでいて、探している本はひとりひとりまったく違うというのが面白い。

そういう場所ですれ違うだけの関係の人たちに話を聞きたい、という気持ちが生まれたのは、三年ほど前だ。プロの書き手や古本屋ではなく、自分のやりかたで古本と付き合っている人たちに、本好きになったきっかけや古本屋との出会いなどについて聞いてみたい。

もちろん、昔と違っていまはネットがあるので、ブログやSNSで古本について書いている人は多い。でも、ネットだと断片的にしか分からないことも多い。じっくり話を聞けば新しい発見があるはずだ。

本書は、そうやって三十六人（三十四組）の「古本マニア」の話を採集した標本箱だ。

古本マニアといっても、さまざまなタイプがある。

特定の著者の本やシリーズを集めている人もいれば、目的を持たずにただ古本屋をめぐることが楽しいという人もいる。本の状態にこだわる人もいれば、読めさえすればなんでもいいという人もいる。古本好きが高じて出版に関わる仕事に就いた人がいる一方で、他の仕事をしているからこそ純粋に本と向き合えるという人もいる。

インタビューをまとめる際に意識したのは、その人にとって「古本のある生活」がどんなものなのか、ということだ。他人には理解できなくてもいい。自分のなかで古本がどんな位置を占めているかをしつこく聞いた。その問いへのみなさんの答えは、古本に限らず、好きなものを追いかけている人には共感してもらえるものではないだろうか。

ひとりの人生には紆余曲折があり、それを「古本」という観点でまとめるのには強引さが付きまとう。こんなまとめかたでいいのかなと毎回悩みながら、おぼつかない手つきで採集した話を標本箱に収めた。

古本、新刊にかかわらず、たくさんの本屋が出てくるので、索引を付した。

本書を読んだ方に、古本マニアや古本屋という存在を、自分の隣にいるような人だと身近に感じてもらえたら、このうえなく嬉しい。

目次

はじめに……2

古本と遊ぶ

ネットに頼らず本屋を回るひと　佐藤正浩さん……11
本棚をパトロールするひと　菊池雅人さん……17
人生の谷間を本で乗り切るひと　井下拓也さん……24
ぼやきながら集めるひと　倉敷から遠いでさん……30
自転車で見知らぬ本を求めるひと　積読荘の住人さん……36
アルバイトと趣味を両立するひと　村田亮太さん……42
町に向かって本棚を開くひと　吉田純一さん……48
映画と街歩きで本に出会うひと　たかぎさん……56
アナキズムの図書館をつくるひと　亀田博さん……61
ゆっくりと読みつづけるひと　福田賢治さん……67

古本とコレクション

息子に妖怪を教え込むひと　中根ユウサクさん……77
奥付のない本を探すひと　七面堂さん……83
集めて記録して手放すひと　山本幸二さん……90
自分の「ことば」のルーツを探るひと　磯貝一さん……97
人生初のコンプリートを遂げたひと　カラーブックスとものかいさん……104
シャクナゲと本を追い求めるひと　関谷良寛さん……111
幻想文学に魅せられたひと　村上博美さん……116
「昭和四十年代」を追い求めるひと　三原宏元さん……122

古本で調べる

古書目録から本をつくったひと　かわじもとたかさん……131
「図書館絵葉書」を発見したひと　書物蔵さん……137
静かに書誌をつくりつづけるひと　矢部登さん……143
噴水の歴史に魅せられたひと　松崎貴之さん……149
「本のすき間」を探るひと　神保町のオタさん……155
理想の本を追い求めるひと　小野高裕さん……168
「龍膽寺雄」を掘り起こすひと　鈴木裕人さん……176
英国の釣り文化を読み解くひと　錦織則政さん……183
戸板康二を愛でるひと　藤田加奈子さん……189

古本と仕事

古本から新刊を生み出すひと　伊藤嘉孝さん……199
出版の出発点に古本があるひと　下平尾直さん……206
「ジャンルのない本」を集めるひと　末永昭二さん……216
「移動の記憶」と本が結びつくひと　猪熊良子さん……225
都市を回遊し本と音楽に出会うひと　村上潔さん……233
雑誌のことが頭から離れないひとたち
大宅壮一文庫（鴨志田浩さん　小林恭子さん　下村芳央さん）……240
ちょっとずつ「本の世界」に関わるひと　退屈男さん……251

おわりに　私が古本マニアだった頃……260
索引……271

初出
日本の古本屋メールマガジン
二〇一九年一月十日号~二〇二一年十月十日号
福田賢治さん、大宅壮一文庫さんへのインタビュー
は書き下ろしです。

古本と遊ぶ

本はゆっくり読む。ゆっくり読んでいると、一年にほんの一度や二度でも、ふと陶然とした思いがふくらんでくることがある。一年三百六十五日のうち、そんなよろこびが訪れるのは、ただの何分か、あるいは何秒のことに過ぎないかも知れない。それでも、速く読みとばしていたなら、そのたった何分、何秒かのよろこびさえ訪れない。

山村修『増補　遅読のすすめ』
ちくま文庫　二〇一一

ネットに頼らず本屋を回るひと

佐《さ》藤《とう》正《まさ》浩《ひろ》さん

新潟県長岡市。新潟市に次ぎ、県内二位の人口を擁する。江戸時代は長岡藩の城下町で、戊辰戦争では奥羽越列藩同盟に加わって新政府軍と戦ったが敗北。疲弊した長岡藩に贈られた百俵の米を、大参事の小林虎三郎が学校設立の費用に充てた逸話は有名だ。教育に力を入れただけあり、維新後には鳥屋十郎、覚張《がくはり》書店などの本屋があったという。この地で新聞社や本屋を開いた大橋佐平は、上京して出版社・博文館を創業。佐平の親族が神田神保町で東京堂をはじめたことが元になり、同じく長岡出身の酒井宇吉が神保町で一誠堂書店を興し、そこで働いたやはり長岡出身の反町茂雄は独立して本郷に弘文荘を開いた。現在の神保町古書店街の形成には、長岡の人脈が関係していたと云えるのだ。

そういった歴史があるだけに、現在の長岡市にも文化的な雰囲気が濃くある。新潟市では一時期、姿を消していた古書店が、この町には数軒健在だ。二〇一四年からは、春と秋にJR長岡駅前の大手通が歩行者天国になるのに合わせて、「長岡一箱古本市」を開催している。主催は「長岡読書倶楽部」といい、〈雑本堂古書店〉と新刊の〈ブックスはせがわ〉の店主をはじめ、本好きの人たちが集まっている。

以前、この読書倶楽部の飲み会に参加したことがある。その場に、今回登場する佐藤正浩さんもいた。周りの話を黙って聴いているが、私が新潟の古本屋やマイナーな作家の話をすると、この人がまっさきに反応してくれた。同席者によると、パソコンやスマホを持たず、毎日のように古本屋や新刊書店に通って本を買い、そのほとんどを読んでいるという。

今年（二〇一九）の二月、取材で長岡を訪れた際、長岡市立中央図書館で佐藤さんと待ち合わせ、住宅街にある喫茶店で話を聴いた。

佐藤さんは一九七三年生まれ。実家は祖父の代から鋼材店を営んでいた。小学生の頃は、図書館のブックモービル（移動図書館）で本を借りて読んでいた。

「それと、叔父がSFやミステリが好きで、祖父母と住んでいた家に行くとたくさん本や雑誌があったので、『野性時代』や『SFアドベンチャー』を借りて読みました」

中学校では科学部に入ったが、「まあ、帰宅部みたいなもんでした」と笑う。その頃には中心部から離れたところに自宅があり、校則が厳しかったので、祖父母の家に行くときに駅前の本屋に立ち寄るぐらいしかできなかった。

「本好きの同級生に教えてもらって、はじめて〈新井堂〉という古本屋に行きました。駅ビルには〈ブックセンター長岡〉がありました。同じ場所に現在は〈文信堂書店〉があります。当時、角川スニーカー文庫が創刊し、ライトノベルが出はじめました。それらを買って、友達と回し読みしていました。また、海外ミステリや新本格、ファンタジーなどを片っ端から読んでいます。小遣いが少なかったので、図書館で借りて読むことが多かったですね」

大学は東京へ。「受験のときにはじめて神保町に行きました。たくさんの古本屋が入っている古書センターはパラダイスだと思いましたね（笑）」。国文学部で近代文学を学び、幻想文学研究会に属した。「自分より本に詳しい、濃ゆい人たちにあって刺激を受けました」。卒論は岡本綺堂の江戸・東京ものについて書いたという。

卒業後、実家に戻り、建築関係の会社に入るが、不景気で会社が傾いたこともあり、畑ちがいの看護助手となり、現在は介護福祉士として働いている。

「夜勤の仕事が多いのですが、朝九時に終わるとその足で新刊書店や古本屋を回ってから、家に帰って寝るという感じです（笑）。とくに家の近くにある新刊の〈戸田書店〉には一日も欠かさずに寄っています。最近では顔を覚えられて、店員が本の注文書を代わりに書いてくれるようになりました。休みの日も車で古本屋を回っています。ヒマができると、本屋に行かないと落ち着かないんです」

佐藤さんが長岡に戻った一九九〇年代終わり頃から、新潟県でも新古書店のブックオフが増えはじめた。

「J・G・バラード『夢幻会社』（サンリオSF文庫）や森下雨村『謎の暗号』（少年倶楽部文庫）のように、これまで欲しくても高くて手が届かなかった本が、ブックオフをこまめに回ると百円で見つかることに興奮しました」

長岡から十日町や柏崎まで出かけ、ブックオフや古本屋を回った。本に詳しい人と知り合いになって、店の情報を教えてもらった。一箱古本市に出るようになってから、本好きの友人も増えた。

当時もいまも、パソコンを持たず、ネットで古本屋を探したり本を買ったりすることはしない。

「これまで買わなかったのでいまさらという気もしますし、ネットがあるとたくさん本を買ってしまいそうで怖いんです（笑）。行きつけの店に行ったり、新聞で一箱古本市の情報を見たりして出かける方が好きです。そういうところで、あまり高いものでなくて、変な本に出会うのが楽しいです」

最近の拾いものは、ブックオフで見つけた和本や、『ポスター集』と書かれた新聞や雑誌の題字を貼り込んだスクラップブックなど。実家の一部屋は本で埋まっている。「二〇〇四年の中越地震のときは、かなり揺れました。そのときに本を二階から下に降ろしたりしたので、いまではどこに何があるか判らなくなっています。親から処分しろと云われて古本屋に売っても、同じぐらい買ってしまうんです（笑）。最近はミステリの復刻が多くて、「こんなものまで出るんだ！」という驚きと、見つけたときに買っておかないとという気持ちがあります」

買った本はだいたい読んできたが、以前ほど量は読めなくなっているという。「これまで興味のままにバラバラに買ってきましたが、もう少し体系づけて本を集めたいと思うようになりました。いま気になっているのは、柏崎出身の石黒敬七。柔道家で随筆もたくさん書いています。この人の本を集めてみたい」

ぼそぼそとした話しぶりだが、本のことならいくらでも話せそうだ。喫茶店を出て、佐藤さんの車に乗せてもらうことになり、ドアを開けると、ドアの隙間から単行本や雑誌がドサドサ落ちてきた。家に持ち込めない本を載せているのだろうか？

取材時には、つい最近買ったというスマホを持っていたが、検索には使っていないそうだ。勝手な希望ながら、佐藤さんには、できればずっとこのまま、自分の嗅覚だけで本屋を回ってほしい。彼のような本好きによって、リアルな本屋は支えられているのだから。

本棚をパトロールするひと

菊池《きくち》雅人《まさひと》さん

十年ほど前、仙台の書店で『仙台学』という雑誌を手にした。荒蝦夷《あらえみし》という地元の出版社が発行する同誌は、仙台をめぐるさまざまな特集を組んでいた。その頃、私は一箱古本市の縁で、仙台に来る機会が増えていた。『仙台学』は、それまで知らなかった街を歩くときの手がかりになった（もう一誌、郷土史家の渡邊愼也さんが発行していた『仙臺文化』も読んでいた）。

なかでも、六号の「駅前物語」という特集のなかの「70年代せんだい書店回顧録」は、この時代の新刊書店について具体的に綴られた記事で、駅前にチェーン系書店が展開して以降しか知らない私にとって刺激的だった。ここに載った当時の書店の分布図を見ると、まさに時代の空気が伝わってくる。筆者の菊池雅人というひとは何者なんだろう？

今年（二〇一九）、仙台で本についての活動を行なう「Book! Book! Sendai」（ＢＢＳ）の十年間の活動をまとめた冊子『本があるから　Book! Book! Sendai→Book! Book! Miyagi 2008-2018』が刊行された。その中に「仙台直近10年　書店劇烈盛衰録」という記事がある。二〇〇〇年代の仙台の書店分布図があり、それぞれの店の特徴が載っているのは、例の記事と同じ構成だ。筆者は「ＧＡＺＩＮ菊池」、つまりあの菊池雅人だった。ぜひ会ってみたいと、冊子を編集した〈book cafe 火星の庭〉の前野久美子さんに紹介してもらい、菊池さんにインタビューを申し込んだ。

「あの記事はほとんど記憶だけで書きました。調べて書くとなんだかつまらないんですよね。前に、本を買った店のカバーを付けて本棚に並べていたんですが、カバーに支店の情報が入っていたのは参考になりました。『仙台学』にはその後、同じように仙台の映画館とレコード店についても書きました。他にも、喫茶店やグランドキャバレーについても書きたかったのですが、実現していません」

市内にあるご自宅に伺うと、菊池さんはそう云った。菊池さんは一九五三年にこの地で生まれ、戦前に建てられた家で育った。現在の家は十年ほど前に建て替えた。

祖父は学校の教師で、短歌の会を主宰していたため、同人が家に集まったという。父は俳句を詠み、同人誌の編集もしていた。

小学校の三、四年頃に市民図書館に通い、ジュール・ヴェルヌやルパン、ホームズなどを読む。マンガも好きで、さまざまなマンガ雑誌をクラスの同級生と手分けして買い、貸し借りしていた。菊池さんが買っていたのは、組み立て付録が充実している『ぼくら』だった。また、近くの貸本屋で貸本マンガ誌の『影』を借り、佐藤まさあきやさいとうたかをなどの大人っぽい作品を読む。「ずっと寝床で読んでいたので、目が悪くなりました」と云う。

中学一年生の春休み、父の本棚で松本清張の『点と線』を見つける。

「めくってみると、あとがきにクロフツの『樽』に影響されたと書いてあった。その後、友人の家の本棚で創元推理文庫の『樽』を見つけた。それで『樽』を読み、すぐ『点と線』も読みましたが、とんでもなく面白かった。「情死」という言葉が判らなくて親に訊いたら、黙られました（笑）」

ミステリの面白さに目覚め、新刊書店でカッパ・ノベルスの松本清張を買ったり、創元推理文庫の海外ミステリを買うように。

「小遣いが週に五百円だったので、文庫が二冊買える。五百円になるようにその組み合わせを考えるのが楽しかった。読書感想文で殺人が出てくるクロフツの『二つの密室』を書いたら、学校に親が呼び出されて、「息子さん、大丈夫ですか？」と心配されました」

大学生になると、〈東北劇場〉という洋画専門の映画館でアルバイトをする。従業員やアルバイトにミステリ好きが多く、グループをつくることになった。『ミステリアン』というガリ版刷りの雑誌も一号だけ出した。ほかにも、映画館通い、中古レコード集めと趣味に忙しい生活を送っていた。

大学卒業後の一九七七年、市内の私立学校に事務員として就職。当時は時間に余裕があったこともあり、知り合いを集めて、「ミステリクラブ謎謎」を結成。毎月例会を開き、会員内の通信を発行。年に一回程度、機関誌『謎謎』をオフセット印刷で発行した。

「例会では、ディベート形式の裁判ゲームとか、ミステリの傑作のランキングなどをやりました。会員は最大で四十人ぐらいいました。機関誌は〈高山書店〉〈アイエ書店〉〈金港堂〉〈宝文堂〉などの新刊書店に持ち込んで、置いてもらいました」

『謎謎』六号（一九八四）では当時忘れられていた、東北大学出身のミステリ作家・高城高が、北海道に住んでいることを知り、インタビューを掲載した。

「この記事はミステリ評論家の権田萬治さんにほめてもらいました。のちに荒蝦夷が『X橋付近　高城高ハードボイルド傑作選』を刊行しますが、これがきっかけになったかもしれません」

謎謎は十年間つづけたが、仕事が忙しくなって活動を停止した。

新刊書店には学生時代から現在まで、毎日のように通っている。

「地元の書店はざっと見られる気楽さがありますね。昔は配達もしてくれましたし。また、郷土の本に強いです。〈宝文堂〉は出版もしていました。職場にも出入りしていたので、顔見知りの店員もいました。一九九七年に〈ジュンク堂書店〉が進出したときには、扱う本の量の多さに驚きました。ひととおり棚を眺めると、知らない本が見つかる。書店をクルージングする楽しさがあります」

なお、菊池さんによると、仙台では一月二日の「初売り」が盛んで、その日だけの景品を求めて前夜から行列する客がいるほどだという。新刊書店でも初売りが行なわれるが、カレンダーや地図、その店で使える割増商品券などを景品として出しているそうだ。「古本屋さんの初売りは聞いたことないですね。あったら、行くけど」と菊池さんは笑う。


本は新刊書店で買うことが多かったが、東北大学の近くに並んでいた古本屋にはときどき行って、松本清張の初版本を探していた。

「太白区鈎取本町《かぎとりほんちょう》にある〈萬葉堂書店〉は、本の量が多いので、棚を眺めるのが楽しいです。ここでは、松本清張の同じ文庫本のカバー違いを集めました。閉店してしまったけど愛子《あやし》にあった〈開成堂〉は巨大な倉庫みたいな店でした」

清張に関しては、著作や関連書だけでなく、清張の名前や作品名が出てくるミステリ小説を百冊ほど集めている。

「批判的な取り上げかたで、清張を出している小説もあります。「清張以後」という云い方がありますが、いまでも結構意識されているんですよね」

仙台以外では、山形市の古本屋や中古レコード屋に行ったり、上京すると必ず神保町に行ってひととおり古本屋をめぐる。

「家を建て替える際に、増えすぎた本や雑誌を古本屋に売ったり、図書館に寄贈したりしました。段ボール箱で百以上あったと思います」

その後、東日本大震災が発生し、しばらくは本を買う気持ちの余裕がなくなったというが、現在も本棚に五千冊ほどあるという。

案内していただくと、単行本や文庫、雑誌がびしっと本棚に並べられていた。テーマごとにだいたいの区分けがされている。

清張関係は別格として、「宮城県が舞台になったミステリ」「ビートルズが出てくる小説」「タイトルに西暦が入っている本」「『遠野物語』が出てくる小説」「目の病気が出てくるミステリ」など、じつにさまざまなテーマで本を集めている。

「本屋に行くと、いろんな本をひたすらめくって探すんです。見つかると、喜んで買う

（笑）。タイトルに西暦が入った本は一九四五年から二〇〇〇年まで集まったら、それをもとに文章を書いてみたいです」

このほか、書庫には新聞や雑誌から切り抜いた書評を貼りつけたスクラップブックもある。

菊池さん自身も書評を書くのが好きで、月に一回程度、希望者にメールで「GAZIN BOOK REVIEW」を送っている。私も読んでいるが、かなり的確でときに辛口だ。最新の二百二回で紹介されたのは、柏耕一『交通誘導員ヨレヨレ日記』、逢坂剛『百舌落とし』、佐高信『いま、なぜ魯迅か』の三冊。この並びを見るだけで、守備範囲の広さがうかがえる。

本屋に行くと、いろいろ見るものが多いという菊池さん。きっと、何時間いても飽きないに違いない。この先も、仙台じゅうの書店の本棚をパトロールしつづけてほしい。

人生の谷間を本で乗り切るひと

井下拓也《いのしたたくや》さん

古本屋めぐりの体験をネットで書いている人は多い。井下拓也さんもその一人で、二〇一三年からFacebookで「古書店巡礼」と称して、訪れた古本屋とそこで買った本について書いている。二〇一九年十二月の記事に三百十二店目とある。東京の主要な店にはほぼ足を運んでいるのではないか。

「自分の見たままの印象を正直に書いています。訪れた店では礼儀として、必ず一冊は買うようにしています」と井下さんは云う。文学等、音楽、映画、美術などの本を中心に集めているようだ。署名本もお好きらしい。

記事の印象通り、穏やかに話す好青年でエキセントリックな感じはない。会社員として働きながら、好きなことをマイペースでつづけてきたという印象だ。しかし、子どもの頃からの話を聞いてみると、極度の凝り性であることが判ってきた。

井下さんは一九七八年に東京都で生まれ、埼玉県浦和市で育つ。会社員の父は本好きで、家じゅうに小説や歴史に関する本があふれていた。父方の親戚に真鍋元之・真鍋鱗二郎という愛媛県在住の作家の兄弟がいて、著作が出版されるとその献呈本が家に送られてきたという。

「小学一年のとき、父が子ども向けの歴史人物事典を買ってくれました。それが面白くて、図書館にある人物事典を片っ端から借りて、そこから引用してオリジナルの人物事典を手書きでつくっていました。熱中していたので、友だちが家に泊まりに来ても、作業のキリが付くところまで待ってもらったほどです（笑）。テレビやゲームには興味がなく、夜も本ばかり読んでいたので、目が悪くなりました」

母は、若い頃からバンドでボーカルをやっていた。その影響で、井下さんは四歳でピアノを習いはじめる。井下さんが幼い頃、母が入院して青森の親戚に預けられていたことがある。

「寂しくて、子ども向けの伝記をたくさん読みました。バッハやベートーベン、シューベルトらの生涯を知って、こういう人がこの曲をつくったんだと思いました」

人物への興味はこの頃から生まれていたのだろう。

小学生の頃は、図書館で借りた江戸川乱歩の「少年探偵団」シリーズを読破したり、エドガー・アラン・ポーの『赤死病の仮面』の挿絵が怖くて、熱を出して寝込んだりした。自分で雑誌をつくり、それを母のバンドが練習していたスタジオに持っていって大人に見せたという。

しかし、中学になるとハードロックに目覚めたこともあり、本から離れてしまう。授業をさぼりがちになり、友だちと学校を抜け出して遊びに行ったこともある。高校でも音楽漬けの日々が続く。ところが、浪人生になると、本の世界に戻り、図書館の文庫コーナーを著者の五十音順に片っ端から読んでいった。「自分にノルマを課したい気分だったんです」。とくに明治・大正の小説が好きになった。

有島武郎の『生まれ出ずる悩み』と『惜しみなく愛は奪う』を読み、自分に正直に理想を追い求める生きかたに感銘を覚える。大学では文学部に入り、卒論は有島武郎をテーマにした。

「卒論のために作家論や作品論をたくさん読みました。調べて書くことが好きなんだと、改めて思いました」

音楽サークルでバンドにのめり込んでいたが、一人になりたいときには研究室の書庫に籠った。本に囲まれると安心したという。

大学卒業後は、一人で曲をつくり、小さなプロダクションに属したが、仕事としてではなく自分の音楽をつくりたいということで、会社に就職する。しかし、そこを辞めて、実家で引きこもった。

「当時は音楽を聴けない状態で、音のない本に没頭しました。家にある世界文学全集の類いを読みまくりました。ドストエフスキーの『罪と罰』を読んだときは、自分のなかで何かが変わったようでした」

井下さんは「僕は人生にストップがかかるたびに本にハマるようです」と云う。浪人時代につづき、第二のストップも本で乗り切ることができた。

家にある本を読み尽くし、もっと読みたくなって、ネットで知った古本屋に足を運ぶようになる。

二〇一〇年頃、神保町の〈小宮山書店〉で三島由紀夫の初版本が並んでいるのを見て、集めようと思った。その後、都内の古本屋を回って、本を買うようになった。

「ある作家やテーマから次第に範囲が広がっていきました。三島経由で、澁澤龍彥が訳した幻想文学を読み、そこから美術やゴシックの本を読むようになりました。いまは、カミュ、カフカ、サルトルなど不条理をテーマに書いた作家が好きです」

坂本龍一の音楽が好きで、彼が影響を受けたドビュッシーを通じて、フランス文化への興味を持ち、現代音楽に関する本も読む。映画のＤＶＤも数千本集めている。それらすべての体験が、自分のつくる曲にも反映されていると井下さんは云う。

二〇一〇年にいまの会社に就職してからは、仕事が終わると古本屋をめぐる。

「神保町の〈三茶書房〉で、閉店間際の時間に三島関係の本を買ったとき、店主が三島由紀夫文学館の話をしてくれました。開館の際、資料収集に関わったそうです。とっくに閉店時間を過ぎたのに、一時間ぐらい話し込んでしまいました（笑）。そのとき、文学館の初代館長だった佐伯彰一さんの話も出ましたが、家に帰ってネットを見たら、佐伯さんが亡くなったというニュースが流れていて、不思議な気分になりました」

Facebookでは、すでになくなった古本屋の思い出も書かれている。

「池袋の〈夏目書房〉にはよく行きました。おばあさんの店主がとてもいい人でした。閉店したのが残念です」

毎日のように買っているので、家には本が増殖し、近くに倉庫を借りた。

「『この本、欲しかった！』と喜んで買って、家に帰るとすでにあった、などはザラですね。同じ本が四冊もあったこともあります（笑）」

読んだ本はExcelでリストに記録している。年間二百冊近くは読んでいるそうだ。

じつはこの十年間も、心身ともに不調がつづき自分にストップがかかっていたと井下さんは云う。

「思うように動けないなかで、本や映画、音楽からインプットしつづけてきました。そろそろ、表現するほうにシフトを切り替えていきたいと思っています。曲だけじゃなくて、伝えかたや場のつくりかたも含めて、自分の音楽をつくろうと思っています」

今後も古本屋通いはつづけるとのこと。本に助けられ、本から得たものが、どんな音楽となって発信されていくのだろうか。

ぼやきながら集めるひと

倉敷《くらしき》から遠《とお》いでさん

昨年（二〇一九）の三月、岡山大学のキャンパス内のスペースで「小さな春の本めぐり」というイベントが開催された。「瀬戸内ブッククルーズ」というグループの主催で、中四国の個性的な本屋が出店した（このイベントは今年も開催予定だったが、新型コロナウィルスの影響で中止となったのは残念だった）。私は一箱古本市に箱を出し、トークもしたのだが、このとき温厚そうな男性に声を掛けられた。それが「倉敷から遠いで」さんだった。その半年後、倉敷でお会いして話を聞いた。

「ホントは〈蟲文庫〉で会いたかったんですけど、休みで……」。「倉敷から遠いで」さん（以下、遠いでさん）は、駅前のカフェで会うなり、残念そうに云った。蟲文庫には頻繁に通っているそうで、その空間に居るのがいちばん落ち着くようだ。

遠いでさんは、一九六〇年に倉敷で生まれ、育つ。実家は神社で、祖父の代まで十一代続く神主だった。昔は寺子屋も兼ねており、家には和本や習字の道具があったという。父は神社を継がず、会社員となった。遠いでさんは三人兄弟の真ん中で、上は兄、下は妹だった。

家には『少年少女世界の名作』全集があり、小学生の頃に全部読んだという。『少年サンデー』『少年ジャンプ』などのマンガ雑誌を買ってもらい、テレビのアニメや特撮にも熱中した。

「母に連れられて、玉島の商店街の本屋によく行きました。保育園のときに「絵本を買ってほしい」と頼んだ記憶がぼっけえ（すごく）残っていますね」

一九七三年小学六年の冬、岡山市民会館で兄と一緒に吉田拓郎のコンサートを観て衝撃を受ける。本屋で拓郎の『気ままな絵日記』（立風書房）を買い、熟読した。

「この本の最後に「ここからあなたの絵日記です」と書き込めるスペースがあるのですが、のちに岡山の古本屋で買った本には、当時の持ち主がその岡山でのコンサートのことを書き込んでいて驚きました」

中学校に入ると、吉田拓郎らがＤＪの深夜放送を聴き、レコード屋と映画館に通った。高校ではパンクロックとレゲエにハマり、本屋で『ロッキング・オン』などの音楽雑誌や音楽に関する本を買った。遠いでさんが通ったという、七八年に岡山市に開店した中古レコード屋〈LPコーナー〉は、私も大学生の頃に帰省のたびに寄った店で懐かしい。

この頃好きだった作家は、星新一、筒井康隆、北杜夫、遠藤周作などで当時の定番と云えるだろう。この時期は古本屋に入ったことはないそうだ。

高校を卒業し、岡山市内の会社に就職すると、自分で使える金ができたことから、レコード集めに熱中した。この時期には村上春樹、村上龍、橋本治、金井美恵子などを読む。しかし、一九八〇年代後半になると仕事が忙しくなり、好きなバンドが解散したことなどで、音楽や本から離れていった。

三十五歳で結婚し子どもが生まれると、空いた時間に本を読もうという気持ちになった。「いままでと同じような本だと飽きるじゃろうから」と、吉本隆明を読んでみることにした。「生きかたへの答えが欲しかったんですかね」。倉敷や岡山市の古本屋をめぐって、吉本の著作の七、八割を集めた。

「当時は何店かあった〈万歩書店〉にもよく行きました。荷物を持たずに古本屋にいると、なぜか店員に間違えられることが多かったです。客に訊かれた本を一緒に探してあげたこともあります（笑）」

倉敷の蟲文庫は、別の場所で開店したときには何となく入りにくく、現在の美観地区に移転してから行くようになった。最初は吉本の本しか目に入らなかったが、次第に通うようになる。

そのうち、吉本隆明が評論で取り上げた詩人や、書肆ユリイカの本などの詩の出版社に興味が移った。また、書物同人誌『sumus《スムース》』の存在を知り山本善行、岡崎武志、林哲夫らの本を読んだ。

「『sumus』で取り上げていた尾崎一雄、木山捷平、上林暁らの私小説や、洲之内徹、渡辺一夫らの随筆を集めるようになりました」

私小説のどんなところに惹かれるのかと訊いてみると、「なんじゃろう、なにか惹きつけられるんですよね。木山や上林の文章には、死を感じます」と、遠いでさんは云う。梅崎春生の『幻化』や佐藤泰志の『海炭市叙景』のように、緊張感のある小説が好きだそうだ。

木山捷平は岡山の地元作家ということもあり、とくに好きだという。笠岡市にある生家も訪ねた。その場所を知っていると、読むときに情景が目に浮かぶからだ。ほかにも、内田百閒、正宗白鳥、永瀬清子、高祖保《こうそたもつ》らの地元作家の本を集めている。

『sumus』同人でもある山本さんが、二〇〇九年に京都で〈古書善行堂〉を開店したときには、「下鴨納涼古本まつり」に合わせて訪れた。そのときに山本さんに、「来週にでもまたこの店に来たいけど、倉敷は遠いでー」と話したことから、その後、ネットで「倉敷から遠いで」と名乗るようになったという。

古本ブログが主流だったころは、更新されるのを楽しみにしていたが、Twitterが盛んになるとそちらを見るように。そこで知った古本イベントやトーク、ライブなどに足を運ぶ。「倉敷から遠いで」とぼやきつつも、関西にもしばしば遠征している。

「イベントには古本屋をめぐるのとは別の面白さがありますね。これがあるから、飽きずに二十年近く古本ライフがつづいているのかもしれません」

古本屋や古本好きの知り合いも増え、本の話ができるようになったのも嬉しいという。「ブログ「古本屋ツアー・イン・ジャパン」の小山力也さんが、倉敷の古本屋で買った本を置き忘れたと書いたのを見て、その店まで探しに行って見つけ、送ってあげたこともあります」

その他、「自宅の二階に本を置いていたら壁に割れ目ができてしまったので、定期的に本を処分している」「〈万歩書店〉でいい本が並んでいる棚だなと思ったら、自分が売った本が並んでいました(笑)」「買ったはずの本がどこにあるか判らなくなることはしょっちゅう」など、古本に関するエピソードには事欠かない。

二人いる娘はどちらも本好きで、小学生のときは読書感想文のための本を遠いでさんがブックオフで探して揃えていた。

「いまもＬＩＮＥで欲しい本を連絡してきます。ふだんは小遣い制で、本を買う金を捻出するのに苦労していますが、こういうときは妻に隠さず正々堂々と古本屋に行けるんです」と云うのが、なんだか笑える。

遠いでさんの話は、古本好きなら共感することばかり。のんびりした岡山弁でぼやく彼の古本話を聞いていると、たちまち時間が過ぎていく。

「漠然といずれは古本屋をやりたいと思っていて、不動産屋の物件をつい見てしまいます」とおっしゃる。プロの古本屋になったとしたら、善行堂の山本さんがそうであるように、古本好きの気持ちをくすぐる店主になるのだと思う。

自転車で見知らぬ本を求めるひと

積読荘《つんどくそう》の住人《じゅうにん》さん

昨年（二〇一九）九月に札幌に行った。事前に古本屋の〈書肆吉成〉さんに、古本好きで面白い人がいたら紹介してほしいとお願いしておいた。店主の吉成さんが紹介してくれたのが、「積読荘の住人」というハンドルネームの人だった。たしかに、Twitterで見かけたことがある名前だ。

「当店では、おすすめの本を紹介しあうビブリオバトルを毎月開催しているのですが、積読荘の住人さんはふらっとやってきて当店のミステリコーナーを物色し、おもむろに取り出した本について滔々と語る特技の持ち主です」とメールにあった。

さっそく取材を申し込み、大通公園の近くにある書肆吉成の「丸ヨ池内ＧＡＴＥ６Ｆ」店で待ち合わせた。ＩＫＥＵＣＨＩ　ＧＡＴＥという商業施設に入っている支店だ（二〇二〇年六月に閉店)。東区の本店に劣らぬ充実ぶりで、以前からほしかった『北海道の出版文化史』(北海道出版企画センター)を格安で見かけてホクホクしていたら、眼鏡をかけた温厚そうな男性から声を掛けられた。積読荘の住人さんである。

積読荘の住人さん(以下、積読さん)は一九七八年、帯広市で生まれる。父は洋服の行商をやっていた。町まで買いに来られない人のために、問屋から仕入れた服を車に積んで各地の集落を回るという商売だ。積読さんも子どもの頃に一緒に行った記憶があるそうだ。

一人っ子だが、親戚の従兄弟の中では一番年下のため、お下がりで絵本をもらうことが多かった。

「『チョコレートのじどうしゃ』(立原えりか・文、太田大八・絵)が大好きでした。あとで母に聞いたのですが、絵本を読んでもらうときに母が眠くなって途中を飛ばすと、「違う」と抗議したそうです(笑)」

ミステリとの出会いは、小学二年生。近所に来ていた移動図書館で、エラリー・クイーンの『エジプト十字架の秘密』を借りた。あかね書房の「少年少女世界推理文学全集」の一冊で、『十四のピストルのなぞ』(『靴に棲む老婆』の抄訳)も収録されていた。

「装丁は、碁盤目の模様でメタリックな色のインクが使われていました。背に使われていた「?・」マークがかっこよくて、作文を書くときなどにこの字体を真似ようとしてうまくいかなかった記憶があります（笑）。あとでこの巻は横尾忠則の装画だと知りました。『エジプト～』の読者への挑戦状という趣向には、すっかりヤラれてしまいました。同じく子ども向けですが、クイーンの『Xの悲劇』『Yの悲劇』も読みました」

小学校の図書室は二年生までは使えなかったが、三年生になると入りびたって、ミステリを読みまくった。もう少し経つと、バスで市立図書館に通い、SFも読むようになる。中学生になった頃、市立図書館で『東西ミステリーベスト100』（文春文庫）を借りて読む。

「当時は冒険小説がブームで、新本格の作家が出はじめた頃です。この本はその三年前（一九八六）に出たもので、すでに品切れになっていたので、リストをノートに書き写して、それらの本を次々に読みました。最終的には三分の二ぐらいは読んだと思います」

休みの日には自転車で市内の新刊書店をめぐり、『ミステリマガジン』『本の雑誌』の書評や日本推理作家協会賞の選評をチェックする。そこで気になった本を探して読む、というサイクルだった。古本屋もあったが、母が中古品を買うのを好まなかったので、入っても買うことはなかったという。

中学三年生で図書委員長になり、一人で「読書の手引き」を書いて配布したこともある。高校では「図書局」(委員会ではなく部活動)に属した。書庫で日本ＳＦの古い文庫を見つけ、小松左京などを読む。図書新聞の記事のなかで、ＳＦやミステリを紹介したりした。

「デビューしたばかりの京極夏彦の新刊を、次々と高校の図書室に入れてもらったりもしましたね」

一九九六年、図書館情報大学に進学し、つくば市に住む。コンピュータを使う授業も多く、学生に与えられたホームページ用のスペースに本の感想を書いた。新刊書店の〈友朋堂書店〉によく通った。

「帯広では新刊が三日遅れなので、雑誌や文庫が発売日どおりに買えるのが嬉しかったです。内地に来てよかったと思いました」

積読さんはつくば市内にあった「天久保古書街」に通うようになる。

「母親の目が届かなくなって、古本屋通いを楽しめるようになりました(笑)。小さいアーケードに六軒ほどの古本屋が入っていました。均一棚にはミステリやＳＦが多く、頻繁に補充されていたので、大学の帰りに寄りました。東京に出るのは交通費がかかるので、神保町にはたまにしか行けませんでしたね」

卒業後、札幌市内の大学図書館に採用が決まる。途中、旭川と帯広へ異動した数年間を除くと、ずっと札幌で暮らしている。休みの日には、自転車で古本屋めぐりをする。

「ススキノにあった〈石川書店〉では、ミステリやSFの絶版が多く見つかりました。二〇一一年に閉店したのは残念です。東区の書肆吉成では、自分が探していたものではない、なんだかよく知らない本が見つかるのが楽しいです。仕事でずっとパソコンを使っていることもあり、本はネットで買うのではなく、本屋で見つけて買いたいです」

北海道大学の近くの〈南陽堂書店〉や〈弘南堂書店〉にもよく行く。弘南堂の店頭の均一棚は北海道の郷土史に関する本が充実していて、勤務先の大学図書館に所蔵していなければ買って寄贈しているという。私も翌日に行き、店頭だけで十冊近く買ってしまった。

最近の収穫は、さきほど待ち合わせた書肆吉成の支店のオープン日に見つけた、ヘレン・ユースティス『水平線の男』（創元推理文庫）。

「この作品は、亡くなったミステリ評論家の瀬戸川猛資《たけし》が発行していた雑誌『BOOKMAN』で復刊希望のミステリとして挙げられていたので、知りました。これまで見かけたことがなかったので、百円で見つけてとても嬉しかったです。ちなみに、この日は私の誕生日でした（笑）」

同作は、女子大のある街を舞台にしたもので、有名になったサプライズの仕掛けだけでなく、教授や学生などのキャラクターがいいので、ぜひ新訳してほしいと積読さんは云う。

「積読荘の住人」はもともとｍｉｘｉ用のハンドルネーム。当時は友人に向けて読書日記を書いていた。その名の通り、積読さんのマンションには本が積みあがっている。ときどき古本屋に処分しても、それより買う量が多いのでぜんぜん減らない。

「二〇一八年九月の胆振《いぶり》東部地震では、本の雪崩が起きました。直前で身をかわしましたが、怖かったです」

最近は、冒頭でも触れたように、書肆吉成で月一回開催されているビブリオバトルに参加している。

「『東西ミステリーベスト１００』でも上位にランクされた大岡昇平の『事件』が創元推理文庫から復刊された頃で、これなら話せるかなと思って参加しました。発表者が三人、聴き手が二、三人ほどの小さなビブリオバトルですが、話すのも、他の人の紹介を聞くのも面白いです」

今後は、古本を通じて知り合った人たちと一緒に雑誌をつくりたいという夢もある。

自転車で古本屋をめぐり、探していた本や見知らぬ本に出会う。そんな積読荘の住人のマイペースな日常を描いた文章を、その雑誌で読んでみたいものだ。

アルバイトと趣味を両立するひと

村田《むらた》亮太《りょうた》さん

「今年（二〇二〇）から、うちにアルバイトに来ている大学生がかなりの古本好きなんですよ」

この連載の編集を担当している皓星社の晴山さんからそう云われて会った村田亮太さんは、優しそうな青年だった。

「古書会館や池袋〈三省堂書店〉など、東京で開催される古書市はぜんぶ通っています。だから、新型コロナウイルスの影響で即売会が中止になったときは辛かったです。東京古書会館の即売会が再開した七月六日には、もちろん駆けつけました」

さっきも即売会に行ってましたと、収穫物の入った袋を見せてくれる。その下からもう一袋が出てきた。計四千九百円なり。とにかく即売会に通うのが楽しくて仕方ないらしい。

「僕、除籍本が好きなんです」とも云う。図書館の蔵書から廃棄された本のことで、ラベルが貼られたまま売られている。

「あれは、まさにこの世に一冊だけの本でしょう。「日本の古本屋」で除籍本を探して買うこともあります」

恐るべき二十一歳である。

村田さんは一九九九年、群馬県伊勢崎《いせさき》市生まれ。両親と姉との四人家族。両親の年齢を聞いたら、私よりも年下だった。二人とも公務員として働く。

小さい頃、母に『おしいれのぼうけん』や『モモ』を読んでもらった記憶がある。また、父は青年マンガが好きで、その本棚から引っ張り出して読んだりした。

小学校に入ると学校の図書室に通い、学年で一番多い冊数を借りた。

「学習マンガを読み尽くし、ライトノベルを読むようになりました。『キノの旅』などのファンタジーに触れて、こんな世界があるんだと思いました。同級生にやはりファンタジー好きの男の子がいて、作品を教えてもらっていました。その子はサイト「小説家になろう」に小説を投稿していましたね」

小学五年生になると、近所にある〈TSUTAYA〉で本を買うように。中学三年までには、ラノベを五百冊以上買っていた。ゲームも好きだったが、それ以上に本が好きで、つねに何かを読んでいたという。

高校に入ると、授業で新書の感想文を書かされたことから、さまざまな新書を読むようになる。二年生のときに、日本史の授業で先生から網野善彦のことを聞き、『日本の歴史をよみなおす』（ちくま学芸文庫）を読む。「サンカ」に興味を持って、五木寛之の『風の王国』を読んだという。

その後、上野誠の『折口信夫　魂の古代学』（角川ソフィア文庫）で折口信夫のことを知り、そのマレビト論に衝撃を受けた。上野氏の出身校ということもあり、村田さんは國學院大学を受験して合格。上京して、姉と一緒に住む。二年生から民俗学を専攻し、現在三年生だ。

古本との出会いは、大学の授業だった。

「法制史の先生が本の話をされているのに興味を持って、神保町の古本屋で瀧川政次郎の文庫を買いました。それでもちょっと敷居が高かったんですが、その年の秋、神田古本まつりのときにいろんな古本屋に入ったことから、ときどき通うようになりました」

その後、自宅の近くにある豪徳寺の古本屋で、店主から古書目録をもらい、五反田の南部古書会館の即売会にはじめて行く。知らない本に囲まれているのが面白かった。

即売会って面白いなと思った頃、大学の司書課程で新藤透さんに図書館学を教わる。『戦国の図書館』（東京堂出版）などの著書があり、古本好きでもある。

「古本の話で気が合って、研究室に遊びに行くようになりました。新藤先生から谷沢永一のことを教えてもらい、書誌学の本を読むようになりました。本自体への興味が高まり、本を集めることが楽しくなりました」

専攻の民俗学でも、最初は折口信夫の研究書を集めていたが、次第に折口本人の著作を集めるように。二年生のとき、神保町の〈三茶書房〉で、『古代研究　民俗学篇』（大岡山書店）を買う。

「四千五百円でした。それまでに買った最高額です。でも、いまでは高い本でも躊躇せずに買うようになってしまいました（笑）。新刊書店のアルバイトで入ったお金を、二、三回の即売会で使い果たしたり」

いまは月に五、六万円を古本に使っているそうだ。当然、自室は本で埋まり、実家にも同じぐらいの量の本があるという。

最近では、戦前のエロ・グロ・ナンセンスに関する本を集めている。

「斎藤昌三『変態蒐癖志』、藤澤衛彦『変態伝説史』などの変態十二史シリーズとか、梅原北明の『明治性的珍聞史』とかです。『変態』と『伝説』が結びつくセンスが面白いです」

卒論では、田中緑紅が主宰し斎藤昌三らが寄稿した大正時代の雑誌『郷土趣味』について、書くつもりだという。

「エロ・グロ・ナンセンスの時代の空気感もあわせて描ければと思っています」

文献を調べているうちに、皓星社の雑誌記事索引データベース「ざっさくプラス」の存在を知る。

「コロナの自粛期間中、無料公開していたので使ってみたら、戦前の民俗学雑誌がヒットしたりして面白かったので、「皓星社友の会」に入会しました。それがきっかけで、週一回アルバイトするようになったんです」

毎週金曜日、資料のスキャンやデータ入力などの作業の合間に、古書会館に行かせてもらう。そこで買ってきた雑誌が面白そうだと、「ざっさくプラス」に入れたりしている。趣味と実益が一致していて楽しそうだ。

アルバイトとは別に、戦前の古書目録からあるデータを入力する作業も行なっている。たしかに、まとまれば利用価値がありそうだ。

コロナで就職活動ができないこともあり、いまのところ、将来は白紙だという。

「自分なりに好きな研究ができればいいんです」と村田さんは云う。

好きな本に囲まれて充実した生活に見えるが、社会との接点はちゃんとあるのか。若い頃、それで悩んだ私はつい気になってしまう。

「大学には古本好きの友人が二人いて、よく話をしています」

それと最近、幼なじみの女の子を神保町の古本屋に案内したという。

「もともと本が好きな子なので、古本好きにしてしまおうと思っています（笑）」

なんだ、ちゃんと青春しているのだった。

町に向かって本棚を開くひと

吉田純一《よしだじゅんいち》さん

二年前に、兵庫県のたつの市にはじめて行った。山田洋次監督『男はつらいよ　寅次郎夕焼け小焼け』（一九七六）でも描かれているように、揖保川《いぼがわ》沿いの龍野町には古くからの町並みが残る。童謡「赤とんぼ」の詞の作者・三木露風の故郷であり、路の側溝やマンホールの蓋には赤とんぼが描かれている。

このときの目的は、〈九濃《くのう》文庫〉を訪れることだった。その少し前、千駄木の〈古書ほうろう〉で、「小沼丹生誕百年祭　井伏鱒二・三浦哲郎と共に生きて」と題するDMを見つけた。

「今年（二〇一八）は小沼丹が亡くなって二十三年目の年となる。小沼丹の教え子、映画監督の前田陽一が亡くなって二十一年目、前田と同窓の三浦哲郎が亡くなって九年目、前田の畏友、竹内和夫は、昨年（二〇一七）の六月に亡くなった。そのような年に行う生誕百年祭である。

皆様のご来訪を願います。

〜いずれの青春も　茫々たる人生の只中にある〜」

とある。その頃、幻戯《げんき》書房などから小沼丹の復刊がつづき、私もそれらを読んでいた。サイトにもSNSにも情報が見つけられないまま、その場所に行ってみると、静かな通りのある家に、「九濃文庫」と書かれた板が出ている。商家の土間のようなスペースには、壁際に本棚が並んでいる。相当な冊数だ。

中に入ると、店主の吉田純一さんが迎えてくれる。優しそうな風貌の方だ。

大小のテーブルには単行本や、ページを広げた雑誌が無造作に置かれている。すべて、小沼丹が書いたものか、小沼について誰かが書いたものである。

展示を観るために集まっていた人たちが椅子に座って話しているのを聴くと、DMに出てくる三浦哲郎と前田陽一は、早稲田大学のフランス文学科で小沼の授業を受けており、前田は龍野の出身で、龍野高校の同級生だった竹内和夫らと『酩酊船』という同人誌を発行していることが判った。そして、吉田さんは前田の高校の後輩にあたるのだ。

そういう縁があって、ここで小沼丹の展示が行なわれたのである。

その二年後、昨年（二〇二〇）十二月に再びたつの市を訪れた。今度は、吉田さんに取材することが目的だ。早めに着いて、三木露風や哲学者・三木清らの資料を展示する霞城館《かじょうかん》、龍野歴史文化資料館、うすくち龍野醬油資料館などを見学する。かなりの距離があるので、九濃文庫に着いたときには腰が痛くなっていた。

待っていてくれた吉田さんに、「この辺りには商家が多いですね」と云うと、「なかには二百年前からの店もあるんですよ」と教えてくれる。

吉田さんは一九四六年、この場所で生まれた。母は吉田さんの実の父と離縁している。義父はシベリア抑留ののち、一九四九年に帰国。電気工事の職人として働く。両親と祖父母と暮らす。

一人っ子で、家にはあまり本はなかった。

「『小学一年生』を毎月買ってもらってました。岩田専太郎や小松崎茂の絵を真似て描いていましたね。近所の友だちの家に遊びに行くと、兄か姉の本を借りて読みました。獅子文六の『悦ちゃん』、横溝正史の『八つ墓村』などを覚えています」

母は教育熱心で、吉田さんは小学六年から英語の塾に通った。中一のとき、塾の永井先生に寺田寅彦を読むように勧められて読む、高校に入ると、『寺田寅彦全集』を買ってもらった。

「寺田寅彦から中谷宇吉郎を読むようになりました。この二人には論理的なものの見方を教わりました。いまでも、寺田と中谷の記念会の会員になっています」

中学三年生だったか、新潮社から『世界文学全集』全五十巻の刊行がはじまり、近所の〈伏見屋商店〉に注文して、毎月受け取りに行った。ディケンズ『デイヴィッド・コパフィールド』、ユーゴー『レ・ミゼラブル』などを読む。

「伏見屋は明治時代からある龍野で唯一の新刊書店です、三木清も通ったそうです。私も中学から六十年通っています」

いまも営業中ときき、翌日行ってみたが、木造二階建てで二階が回廊になっており、「知の殿堂」という感じだった。吉田さんはここで、『世界文学全集』につづいて同じく新潮社版の『日本文学全集』全七十二巻も買ったそうだ。

また、龍野城の下にあった図書館にも通い、松本清張や水上勉、獅子文六などを読む。

「清張の『或る「小倉日記」伝』はいまでも毎年読み返します。『父系の指』『半生の記』などの自伝的作品も好きです。私自身の家庭も複雑だったので、重ね合わせていたのでしょう」

龍野高校に入ると、中原中也の影響で詩を書くようになった。

「この頃、はじめて姫路の〈岩崎書店〉という古本屋に行きました。同じく姫路の〈三耕堂〉は、詩集が多かったです」

大学では文学部に入りたかったが、父に許されず、関西学院大学の商学部に入学。家から二時間半かけて通う。元町や三宮の古本屋にもよく行った。

文芸部に入り、詩を書くが、なかなか掲載されなかった。文学部仏文科に移ろうとするが、これも父に許されず、卒業後は父の仕事を手伝うことに。二十五歳で結婚し、子どもも生まれた。

「でも、不器用で電灯をつけるとゆがんだり、ナイフで指を切ったりしました。夜になると、龍野の居酒屋を飲みまわっていました。その頃、作家の三浦哲郎が講演会で龍野に来たんです。それを聞いた日、妻子を置いて出奔しました」

京都に住み、大学の後輩の紹介で家のクリーニングや百科事典のセールスなどの仕事をしていた。「地べたを這うような五年間でした」。楽しみは月に一冊、五百円で本を買うことだった。この頃読んだ丸谷才一の『文章読本』で、小沼丹の名前を知った。

三十三歳で、父と和解して龍野に戻る。建築関係の仕事に就き、金の余裕ができると、神戸の古本屋を回って、長谷川四郎、洲之内徹、曾宮一念らの本を集めるようになる。神保町や地方の古書目録を取り寄せ、好きな作家の本が見つかれば注文した。

明治以降の作家の個人全集は九十五点所蔵している。「百人の全集を集めるのが目標です」と笑う。全集のいいところは、日記や年譜まで入っており、必要な際に参照できること。作品を読むのは、単行本の方が多い。

二十五年前に父が亡くなり、電気店の倉庫を改装した。倒産した本屋の本棚を買い取って、そこに据え付けた。それが九濃文庫の向かいにある二階建ての書庫で、私も見せてもらったが、二〜三万冊は入っているだろう。

「五十代は書画も集めていて、ずいぶん金をつぎ込みました。書画に比べたら、本は安いですよ。あの分で本を買っていたらと、いまでも後悔することがあります（笑）」

二〇〇六年、還暦を機に、自分の好きな空間をつくって本と遊びたいと、九濃文庫を開館。ここの本棚は、姫路の古本屋〈文藻堂〉が廃業する際に引き取ったもの。週に二日開館し、自由に本を見てもらう。地元の人には貸し出しもする。

「いままで返されなかったことはないですね。本好きのみなさんを信用しています。毎月SFを読みに来る高校生の男の子が舞城王太郎が好きだというので、買って貸しています。私は全然読まないのですが（笑）」

文庫の名前は、作家のレーモン・クノーにちなむ。京都で鬱々としていた頃に読んだ、クノーの小説『人生の日曜日』に救われたのだという。

「前田陽一に本を送って、映画化してほしいと提案したこともあります。「九濃」は私の俳号でもあります」

二〇一四年十月には、版画家・装丁家の山高登の展示を開催。装丁した本二百五十冊を集める。

「夏葉社が復刊した関口良雄『昔日の客』を読んで、山高さんのことを知りました。小沢書店の『小沼丹作品集』の装丁が素晴らしいです」

翌年十月にも、山高登展を開催した。

そして二〇一八年九月に、前に触れた「小沼丹生誕百年祭」を開催。著作のほか、小沼が寄稿した雑誌も並べた。

「小沼の年譜を毎日のように眺めて、掲載された号の雑誌を調べ、古書目録に出ていたら注文しました。また、東京古書会館で「山高登・玉手箱」を見るため上京した際に、夏葉社の島田潤一郎さんに案内されて行った西荻窪の〈盛林堂書房〉で、小沼の『風光る丘』（集団形星）を見つけたときは驚きました。小沼の著書で一番珍しいもので帯付きの美本でしたが、三万六千円の値段がついていた。一晩考えましたが、「小沼さんが呼びよせてくれた」と思って、思い切って買いました」

小沼丹の魅力は、独特のユーモアだと吉田さんは云う。

「とぼけていて、湿り気のない文章が好きですね。読んでいくうちに、小沼の文章に父が登場しないことが気になっています」

次にやりたい展示は、佐多稲子。佐多は十四歳から二年間、たつの市に接する相生市で過ごしている。没後二十五年にあたる二〇二三年に開催したいと、こつこつと本を集め、読んでいる。そのマイペースぶりには頭が下がる。

九濃文庫をはじめてから、仕事が終わってからここに来て、好きな本を読むのが至福の時間だと吉田さんは云う。好きな本は繰返し、何度も再読する。

「この場所に来てくれるのは通常で月に十人ほど。展示の際もそんなにたくさんの人は来ません。でも、ここで一日でもいたいという人が来てくれるのが嬉しいんです。私が八十歳になって完全に仕事を引退したら、この場所をサロンにしたいと思っています」

いや、すでに立派なサロンですよ。近年になって、マイクロライブラリーや住み開きなど、自分の場所を地域に向かって開く活動が注目されているが、吉田さんはごく自然にそれを実現している。そこがいい。

吉田さんは自分が亡くなる前には、本をすべて処分するつもりだ。

「本は回っていくものですからね」と淡々と話す吉田さんに、本好きの神髄を見た思いだった。

映画と街歩きで本に出会うひと

たかぎさん

二〇二一年四月の下旬、私は赤羽にいた。明日には東京都に緊急事態宣言が発令され、飲食店で酒類が終日出せなくなる。そのため、まだ昼前なのに居酒屋の前に行列ができていた。後ろ髪を引かれながら、短いアーケード商店街の中にある〈紅谷書店〉を覗く。古くから赤羽にあり、江戸東京関係に強い店だったが、数年前に縮小して均一棚だけになった。とはいえ、ここに来ると、必ず掘り出し物が見つかる。この日も十冊近く買うことになった。

「紅谷書店は映画本が充実していて、『キネマ旬報』のバックナンバーをよく買いましたね」と話すのは、「たかぎ」さん。賑やかな通りから少し離れたところにあるご自宅で話を伺った。壁面の棚には映画本がぎっしり詰まっている。二〇〇一年に「キネマ洋装店」というサイトを開設し、古い日本映画（旧作邦画）に登場するヒロインのファッションに着目し、イラストとともに紹介している。彼女を紹介してくれたのは、池袋〈古書往来座〉の店員で、名画座の情報フリーペーパー『名画座かんぺ』発行人の「のむみち」さんだ。名画座好きと古本屋好きはどこか共通点があると感じていたので、たかぎさんの古本遍歴を聞いてみたくなった。

たかぎさんは一九六七年、北区生まれ、三歳から赤羽で育つ。近隣で引っ越しをしながら、ずっとこの地域で暮らしていた。家族は父、母、兄、姉との五人暮らし。四つ上の姉は本が好きで、その影響でたかぎさんも横溝正史などを読む。小学生のとき歴史に興味を持ち、子ども向けの「日本の歴史」シリーズを読んだ。中高一貫校に入ると、図書館が充実していた。「図書委員になって、閉架書庫に入らせてもらいました。専門的な本が多く、『徳川実紀』が並んでいたのを覚えています」。高校の授業では、古文書を読んだり野外学習で江戸城の周りを歩いたりしたことで、歴史への興味が高まる。また、学校の図書館で見つけた「新おんなゼミ」シリーズ（講談社）は、犬養智子、安井かずみ、桐島洋子らが編著者になっており、フェミニズム的な視点があった。「女子校で過ごしたことで、自立心を育てられたと思います」と話す。

赤羽には何軒かの新刊書店があり、古代史やミステリの文庫を買った。高校生ではじめて入った古本屋は、神保町のミステリ専門店で「横溝正史のジュブナイル作品を探しに行ったのですが、友だちと話していたせいで店主に怒られて追い出されました」という。噂に聞いたあの店のことだろうか。

学習院大学の史学科に入り、近代史を専攻。ラテンアメリカ研究会に属し、バンドのサポートやイベントなどで楽しく過ごす。卒業後は会社員として働く。二十代後半に、銀座の〈並木座〉を知り、一九九八年に閉館するまでに小津安二郎、成瀬巳喜男、黒澤明などの名作を観る。「映画史の教科書みたいな作品を一通り観て、世界がガラッと変わったような気になりました」。同じころ、パソコン通信で日本映画好きが集まる部屋に入り、オフ会にも参加。「世の中には面白い人たちがいるんだと気づきました。情報交換もできて、知識も深まりました」と、たかぎさん。

その頃から、神保町の〈矢口書店〉や三河島の〈稲垣書店〉などに通い、映画本を集めるようになった。「稲垣書店の中山信如さんは、『古本屋「シネブック」漫歩』(ワイズ出版)の著者でもあります。この本は映画本リストとして熟読し、ここで紹介された女優・入江たか子の自伝『映画女優』(学風書院)などを古本屋で見つけると買いました」。この頃出会ったもう一冊のバイブルは、太田和彦の『シネマ大吟醸』(角川書店)。旧作邦画の豊かな世界を教えてもらったと話す。

二〇〇一年には先にふれたとおり、サイト「キネマ洋装店」を開設。「当時、映画評論的なサイトは多かったのですが、私は女優の衣装が気になっていたので、好きな日本映画のファッションについて書きました」。ここでの活動がきっかけとなり、二〇一一年には〈神保町シアター〉で「女優とモード　美の競演」、二〇一八年には〈シネマヴェーラ渋谷〉で「美しい女優・美しい衣装」という特集の企画に関わる。自分の好きな作品を選んでスクリーンで上映するというのは、映画ファンなら一度は夢見たことがあるだろう。それを実現できているのが羨ましい。

映画以外に、近代建築にも関心があり、その関係の古本も集めている。神保町の建築書専門書店〈南洋堂〉には、神保町シアターで映画を観たあとよく立ち寄る。また、暗渠や地形に関する本も好きで、「赤羽という武蔵野台地の端っこで育ったことに関係しているかもしれませんね」と笑う。何時間でも街歩きをし、銭湯に入る。旧作邦画には近代建築や街の風景がよく出てくるので、たかぎさんにとっては一石二鳥の楽しみだ。「背景に映っているものを手掛かりにロケ地を推測するのは、探偵的な面白さがありますね」。十五年ほど前、バンドのエレファントカシマシにハマって、札幌から福岡まで地方ツアーを追いかけたときには、ついでに古本屋をめぐり、近代建築を見て回ったという。

ここで、さっきから気になっていた本棚の映画本を見せてもらう。監督・五所平之助の句集『わが旅路』『生きる 五所平之助百句集』（ともに永田書房）は、没後に開催されていた「五所亭忌」に関わっていた縁で手に入れた。たかぎさんはまた、監督・中川信夫を偲ぶ会「酒豆忌《しゅとう》」の実行委員でもある。俳優・上原謙については、本人の『がんばってます　人生はフルムーン』（共同通信社）の隣に、娘の上原芽英子《めえこ》の著書と、六十代で再婚した大林雅子（大林雅美）の著書が並ぶのが「ちょっとした自慢です（笑）」。また、札幌で入った古本屋で、金子信雄の『腹が鳴る鳴る』（講談社）を見つけたときは嬉しかったと語る。池袋の〈夏目書房〉が閉店した際には、女優・藤間紫の『修羅のはざまで』（婦人画報社）を見つけて買った。

「散歩していてふらっと立ち寄った古本屋で、予期せずにいい本と出会うのが理想ですね。セレンディピティ（幸福な偶然）がいちばん楽しいです」と、たかぎさんは云う。自宅の本は年々増えており、本棚に収まりきらなくなっている。名画座で旧作邦画を観ると、それに関連する本を引っ張りだして読み返すことも多い。

東京に育ち、映画と街歩きを愛するたかぎさんの生活の一部には、古本が自然に溶け込んでいるのだった。

アナキズムの図書館をつくるひと

亀田博《かめだひろし》さん

古本屋とアナキズムは相性がいい。と思うのは、私が古本雑誌『彷書月刊』育ちだからだろうか。二〇一〇年に休刊した同誌では、伊藤野枝、金子文子、竹中労、平民社、関東大震災などの特集を組んでいたし、『初期社会主義研究』の広告も載っていた。そこで知ったアナキストたちのエピソードは、思想や運動に関わってこなかった私にも興味深いものだった。

昨年（二〇一九）、高見順が若きアナキストの彷徨を描いた『いやな感じ』が共和国という出版社から復刊された際、社主の下平尾直さん（この人も古本マニアのひとりだ。二〇六ページ）と私で立川の書店でトークをした。数少ない聴き手のなかに、やたらとアナキズムに詳しい男性がいた。それが今回ご登場いただく亀田博さんだった。

「これまで集めたアナキズムの資料をもとに、小さな図書館をつくるつもりです」とおっしゃっていたのが気になって、連絡してみると、いままさに開館準備中だというので訪ねることにした。

新型コロナウイルスでの緊急事態宣言が解除され、少しずつ街に人が戻ってきた二〇二〇年五月下旬。鎌倉駅前で亀田さんと待ち合わせ、バスに乗る。車内から覗く小町通りは、さすがに従来ほどの人出ではない。二階堂のバス停で降りて永福寺跡の公園を抜けた先、斜面に張りついたような場所にあるアパートの一室に案内される。

「ここは図書室に収めるつもりの資料を一時的に置く場所なんです。東京の自宅は本が多すぎて、整理するスペースもないので」と亀田さんは云う。

一九五三年、港区芝二本榎（現・高輪一丁目）生まれ。家の目の前に火の見櫓が印象的な高輪消防署二本榎出張所（一九三三年落成）がある。父は運送業を営んでいた。両親と二歳上の姉との三人暮らし。

「本が多い家ではなかったです。三島由紀夫の『鏡子の家』があったのを覚えているぐらいで。子ども向けの文学全集があって、その中のヴェルヌ『十五少年漂流記』を小学二年頃にクラスでぼくが朗読したことがあります」

一九五九年に『少年マガジン』と『少年サンデー』が創刊され、マンガ雑誌の全盛期だった。近所には貸本屋が二軒あり、小学三年頃に白土三平の『忍者武芸帳』を借りて読む、その後、『ガロ』を買って読むようになる。「その頃から反権力的なものに興味があったのかもしれません」と云う。

中学に入ると、マンガから離れ、当時刊行された文学全集の作品を手あたり次第に読んだ。早稲田高等学院に入り、二年から図書同好会に所属。顧問の伊藤助松先生は放課後に酒を呑みながら生徒に接するというおおらかな性格で、赤点をとった生徒にも慕われていた。この先生と一緒に、図書館に入れる本を取次に選びに行ったこともある。そのとき亀田さんが選んだのは、赤瀬川原平の『オブジェを持った無産者』（現代思潮社）だった。

「学校をさぼって、新宿の〈アートシアター新宿文化〉でATG映画を観たり、神保町の〈ウニタ書店〉で、風流夢譚事件の影響から掲載誌でしか読めなかった大江健三郎『政治少年死す』のタイプ打ちの海賊版を買ったりしました」

一九七二年、早稲田大学第一文学部に入学。当時は学内闘争の真っただ中で、亀田さんもその流れに入らざるを得なかった。この年十一月に起きた川口大三郎事件（革マル派によるリンチ殺人）では目撃証人にもなった。翌年秋には革マル派主導の早稲田祭阻止のため、早大図書館を占拠。深夜に機動隊が導入され逮捕、起訴され、東京拘置所で九十日間拘留される。

「それがきっかけで獄中者の支援運動に関わるようになりました。大学に行かなくなって、新宿ゴールデン街の店でアルバイトするようになりました」

在学時にはアナキズム研究会の流れを汲んだ「テレ研」（テレビ芸術研究会）に入っていた。この頃から早稲田の〈虹書店〉〈文献堂書店〉や、高輪の自宅近くの〈石黒書店〉などの古本屋に行くようになった。

一九七〇年代半ば、亀田さんはアナキズム系の復刻出版を手掛けていた「黒色戦線社」の大島英三郎さんと出会う。

「群馬出身で実家の畑を切り売りしたお金で出版をされていました。その仕事を手伝うことになって、古本屋でアナキズム文献を探しました。五反田（古書組合南部支部）の即売展に出していた〈あきつ書店〉の目録を見たり、神保町の……〈高橋書店〉といったかな、アナキズム系に強い古本屋に通いました。専門家が少ない分野なので、探せば探すほど新しい資料が見つかるのが面白かった」

その後結婚し、夜間学校の警備の仕事をしながら、アナキズムの研究をつづける。『救援』に「大逆事件の救援史」を連載したり、山歩きが好きになった縁で『山の本』（白山書房）という雑誌にエッセイを連載するようになった。

そんななか、ぱる出版が『日本アナキズム運動人名事典』を出すことになり、亀田さんも執筆者に加わる。

「ひとつの項目を書くために、多くの資料を集めて調べましたね。二〇〇四年に完成しますが、すぐに改訂版を出そうという話になり、その準備のために翌年創刊された雑誌が『トスキナア』（皓星社）でした。私も編集委員になって、ずいぶん文章を書きました」

蒐集熱にも拍車がかかり、〈月の輪書林〉の目録で大杉栄の同時代人がつくった新聞記事のスクラップブックを買ったり、他の書店で金子文子と朴烈が発行した機関誌『太い鮮人（フテイ鮮人）』（のち『現社会』）を入手したりしている。

「運動誌は謄写版が多く、消耗されやすいから、なかなか市場に出ないんですね、それでも、次第に増えていった。モノが捨てられない性格なので、自宅がすごいことになってしまった（笑）。そんなとき、思いがけず親の遺産が入り、社会運動文献を調べる人のための小さな図書館をつくろうと考えたんです」

山歩きで親しんでいた鎌倉で場所を探し、極楽寺に八百二十㎡の土地を買った。ここに山小屋を建てて、図書館にする予定だ。近年は韓国のアナキズム研究者とも交流があるので、彼らが泊まれるゲストハウスにしたい、所蔵の資料をデータベース化したいと夢は広がる。

「でも、なかなか進みません(笑)。このアパートは資料整理用に借りたのですが、近々出なければならなくなりました。本の引っ越しに頭が痛いです」

なんとか来年には開館させたいと、亀田さんは笑う。

アナキズム文献の魅力とは? と聞くと、「読んでいくうちに、当時のアナキストたちが何をやろうとしていたかが判って興味深いです」と答える。記録を読むことで歴史の謎が解かれることにワクワクするのだろう。

「アナキズムに興味を持った若い人が、図書館の手伝いをしてくれるんです」と亀田さんは嬉しそうに云う。古本屋の棚や目録でこつこつ集めたアナキズム文献が小さな図書館に収まり、それを次の世代が活用する。古本マニアのひとつの理想形ではないか。

ゆっくりと読みつづけるひと

福田《ふくだ》賢治《けんじ》さん

「歳を重ねてきてよかったと思います。若い頃からやりたかったことが少しずつ実現できているので」と、福田賢治さんは云った。

今年（二〇一二）七月の高松市はとても暑かった。古本屋〈YOMS《ヨムス》〉で待ち合わせ、どこか喫茶店でも入って話そうかと歩き出したが、福田さんの足は止まらない。どこまで行くんですか？　と尋ねると、隣の駅まで歩くらしい。その辺りに静かな喫茶店があるそうだが、すいません、もうちょっと近くにしましょうと、手近なカフェに入る。

飄々としてマイペースだ。この人、面白いなと思う。

福田さんに話を聞こうと思ったのは、彼が発行する『些末事研究』が気になっていたからだ。二〇一四年の創刊号の特集は「かくし念仏とグリーンマン」。その後、「地方と東京」「親と子」「働き方怠け方改革」とつづく。

五号では、それまでも毎号登場していたライターの荻原魚雷さんの特集「荻原魚雷方法としてのアナキズム」を組む。書き手の選び方も、載っている文章もとてもよく、自分がここで書いてないことをちょっと悔しく思った。

こんな雑誌をつくっている人が、どんな本を読んできて、どういう本屋体験をしてきたかを聞いてみたい。最新号となる六号（特集「途中でやめる」）が出たばかりということもあり、高松で会うことにしたのだった。

福田さんは一九六九年、徳島市で生まれる。両親と祖母、姉と弟の六人家族。父は鉄道弘済会に勤務していた。「本がたくさんある家ではなかったけど、父はよく新聞を読んでいました」。福田さんの姉は与謝野晶子から晶子、福田さんは宮沢賢治から賢治と名づけられた。

両親はクリスチャンで、福田さんも五歳から教会に通う。

「だから最初に読んだのは、聖書でした。それと、父が買ってくれた野口英世の伝記を読みました。小学校に入ると、読書感想文の課題図書だった『三年寝太郎』を読みました。当時の先生が「子どもはとにかく遊べ」という人で、この物語の主人公が遊ぶことでみんなを巻き込んでいくのが好きでした」

これらの本が自分に大きく影響していたことに気づくのは、ずいぶん後になってからのことだった。

小学校ではマンガばかり読む。中学一年のとき、高松市に引っ越す。サッカー部に入り、この頃もほとんど本を読まなかったという。

本が必要になったのは、高校受験で志望校に落ちて、私立高校に入ったことで挫折を感じたとき。「文学に助けを求める気持ち」で、夏目漱石やドストエフスキー、カフカなどを読んだ。また、平家物語、徒然草などの古典も読む。学校図書館で借りたり、丸亀町にある〈宮脇書店〉の本店で買った。

「バンドブームで、私もベースをやっていました。この頃は教会から足が遠のいていました。信仰と自我とのバランスが崩れ、そのあいだに文学が入っていたという感じです。他人の考えに触れるのが面白かった」

香川大学の経済学部に入ってからは、面白そうなものには飛びついた。自転車クラブに属し、全国を旅する。流行りのニューアカ（ニューアカデミズム）を読んでみたり、鎌田慧、斎藤貴男、竹中労らのジャーナリストの著作を読む。

「琴電の松島二丁目駅近くにある〈讃州堂書店〉では、店主といろんな話をしました。新刊書店、とくにチェーン店ではそんなことはできないですよね」

自由に文章を書きたいと学生新聞を創刊し、授業のことを批判したり、自衛隊の海外派遣について書いたりした。

「広告をもらって印刷費に充てていました。讃州堂さんにも広告を出していただきました」

在学中に父が亡くなる。そのときのことを、福田さんは「家族の実践」(『些末事研究』三号)で綴っている。福田さんら家族は父の遺体を自宅に運ぶ際、急激な天候の変化に出会う。そして一年後の同じ日にも、同じような天候の変化があったという。

福田さんはこう書く。

「これも偶然だと思います。この経験は二回とも家族と共有したことです。このような出来事は神秘的でもあり、私たちにはなぜか必然的にも感じられました。「おとうさんが忘れないでと云ってるんだ」と母はひとりごとを云っていました。ただ、社会にでる直前であった学生の私は、深い感慨にふけっているわけにもいかず、いろんなことに揺さぶられながら、今までにない緊張にもさらされていたのです」

その後、「知らない世界を見てみたい」と新聞社を受けるが、不採用。卒業するが就職せず、どこに住んでも同じだと、一九九四年に上京する。

はじめて一人暮らしをしたのは自由が丘で、居酒屋などさまざまなアルバイトをする。

『思想の科学』でも、三か月アルバイトしている。

「当時は新大久保に会社があって、社長の上野博正さんのほか二人の社員がいました。編集の補助から営業まで何でもやりました。雑誌はこういう風につくるのかと思いましたね」

バイトを辞めてからも、思想の科学社に出入りし、研究会にも顔を出していた。創刊五十周年記念号（一九九六年五月号）の「セルフ・ポートレート」という欄に原稿を書けと云われ、「自立」という文章を書いた。

「ショーペンハウアーの『意志と表象としての世界』を読んだときの衝撃について書いたんです。親や社会との関係に悩んでいた私にとって、一番大きな読書体験でした。就職せずにドロップアウトして生きてきて、本当によかったと思いましたね。あとで鶴見俊輔さんにホメてもらえたのも嬉しかった（笑）」

三年後に荻窪に引っ越し、その後の十七年間、その一帯で暮らす。自転車で行ける範囲に古本屋がたくさんあった。

「荻窪の〈ささま書店〉によく行きました。ほかに高円寺の〈都丸書店〉、西荻窪の〈音羽館〉など。お金がないのであまり買えず、たくさん買っている人を見るとうらやましかった。都丸書店で鶴見俊輔ほか著の『日本の百年』全十巻（筑摩書房）を見つけて、ほしかったけど買えなかったのはよく覚えています」

この頃買っていたのは、宮本常一、谷川健一、網野善彦、レヴィ＝ストロース、バタイユなど。中井久夫らの心理学や美術家のエッセイも読んでいた。

また、ボスニア・ヘルツェゴビナ紛争が終結したばかりのサラエボを訪れたことから、何度か東欧に旅する。

「日本にいるときは人と話しても話が通じないような気がしていましたが、海外で英語でゆっくり話すと、きちんと話を聞いてくれました。本の話もしました。日本とは言葉の価値が異なるように感じました」

大事な人との出会いもあった。

思想の科学研究会の忘年会で、画家・作家の阿伊染徳美《あいぜんとくみ》と会い、『わがかくし念仏』（思想の科学社）や『阿伊染徳美画集』を読む。

「ことばに対する新しい目を開かせてくれました。阿伊染さんとは亡くなるまで、阿佐ヶ谷の居酒屋で会いました。『些末事研究』創刊号には、阿伊染さんのトークイベントの記録を載せています」

その後、デザイン会社などを経て、ウェブ制作とグラフィックデザイン制作の会社を設立。アルバイト生活の頃はいくらでも本が読めたが、自分の会社が忙しくなると本がまったく読めなくなってしまった。

「そんなときに、高円寺の〈古本酒場コクテイル〉で荻原魚雷さんに会ったんです。魚雷さんの『古本暮らし』(晶文社)を読んで、同い歳でこんなに肩の力の抜ける文章が書ける人がいるんだと思いましたね。それで、仕事ばっかりやってらんねえと(笑)、また古本屋に通うようになったんです」

そのなかで出会った古本屋さんたちと、ちくま学芸文庫に入った『日本の百年』やプラトン、石牟礼道子の読書会を行なう。人と話しながら読むのが面白いと、福田さんは云う。

二〇一三年に結婚し、長男が生まれるのを機に翌年、高松市に移住。中心部から離れた仏生山《ぶっしょうざん》に住み、デザインの仕事をする。畑で農作業もする。仏生山はのんびりとした町だが、移住者が多く注目されている。〈へちま文庫〉という古本屋もある。

『些末事研究』を創刊したのは、東京を離れる年だった。思想家・市村弘正の『小さなものの諸形態』で「全体論的な主張に対立する方法の拠りどころ」として、「些末事研究」という言葉が使われていたことにちなむ。「自分が何を考えているかがテーマですね」と、福田さんは云う。二号からは高松で発行する。

高松では先に書いたYOMSや、同じ通りにある新刊書店〈本屋ルヌガンガ〉などで本を買う。後者では『些末事研究』のトークイベントも開催した。

「引っ越すたびに本を処分して、すっきりします。以前に比べると読書量は減りましたが、その分、重要な本に出会う気がします。レヴィ＝ストロースはずっと読んできましたが、最近、『われらみな食人種《カニバル》』（創元社）を読んで、この人の云いたいことが腑に落ちた気がしました」

現在は臨済宗の實相寺で、道元の『正法眼蔵』を読む会をつづけている。『些末事研究』も次号に向かって動き出している。

福田さんは、即効性でなく、後からじわじわ効いてくる本と古本屋で出会っている。そうやって若い頃からゆっくりと読み、考えてきたことが、五十代になって実を結んだのだ。「歳を重ねてきてよかった」と思える人生は幸せだ。

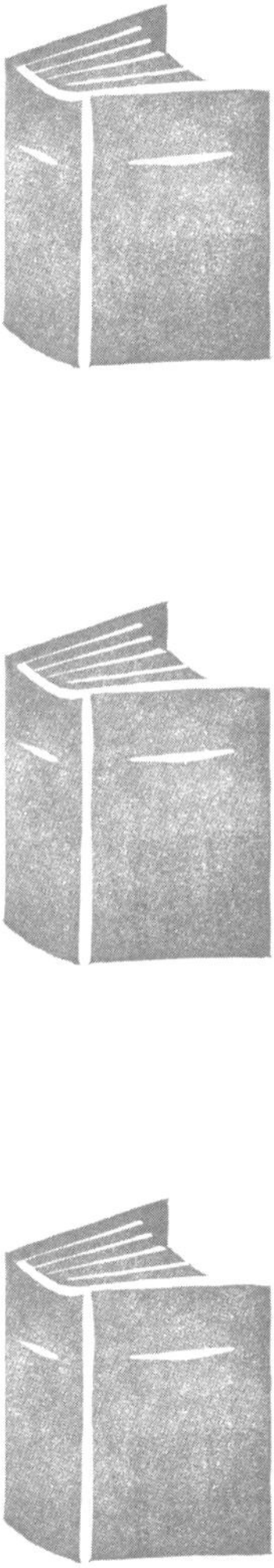

古本とコレクション

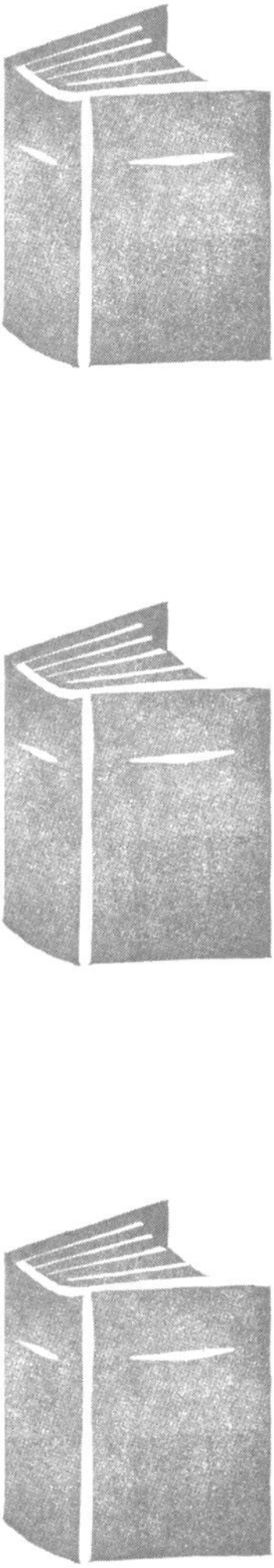

「あいつ、本ばかりためこんで。いまに自分のいる場所がなくなってしまうよ。すこし整理をすればいいのに」と陰口を叩かれながら、必死に書物をため込んでいる人たちがいますが、その人たちはきっと、書物と自分とを結ぶ見えない因縁の糸を、自分の手では断ち切りたくないのでしょう。

井上ひさし『本の枕草紙』
文春文庫　一九八八

息子に妖怪を教え込むひと

中根《なかね》ユウサクさん

「見て見てー、この本すごいんだよ！」と、『こども妖怪・怪談新聞』（世界文化社）をめくって私に見せるのは、小学一年生のソウスケくん。今回登場願う古本マニアは彼……ではなくて、その横に座るお父さんである中根ユウサクさんだ。

子どもの頃から筋金入りの怪奇やSF好きである中根さんは、ソウスケくんが物心つくかどうかの時期から妖怪についての英才教育を施し、ソウスケくんは立派な妖怪マニアに成長した。『ゲゲゲの鬼太郎』が大好きで、親子で高円寺の即売会に出かけ、水木しげるの『妖怪大図鑑』（講談社）を買ってもらった。そういえば、いま見せてくれた『こども妖怪・怪談新聞』も水木プロダクションの監修だ。

親子二代にわたる妖怪本好きは、どのようにして生まれたのだろうか？

中根さんは一九七七年、愛知県豊田市生まれ。両親は公務員で、父は本好きだった。とくにマンガが好きで、あだち充から岡崎京子まで幅広く読んでいた。また映画も好きで、まだレンタルビデオがはじまったばかりの頃に借りてきて、アニメや怪獣映画を息子と一緒に観たという。小学二年のとき、『ゲゲゲの鬼太郎』のアニメの新シリーズがはじまり、親に原作や妖怪図鑑を買ってもらった。

古本屋について教えてもらったのも父からで、小学五年のときに市内の古本屋に連れて行ってもらい、マンガを買ったという。親子二代と書いたが、三代にわたって本についての知識が伝えられているのだ。

一方、学校図書館には子ども向けのSFや怪奇もののシリーズがあり、それらを読んだ。

「なかでも覚えているのが、あかね書房の『少年少女世界SF文学全集』に入っていたジョン・ウィンダムの『怪奇植物トリフィドの侵略』です。食人植物によって文明が滅びるという、ハッピーエンドではない物語に衝撃を受けました」

中根さんは中学に入っても、本やマンガ、アニメに浸っている。高校では市の中央部に電車通学するようになり、行動範囲が広がった。

「本屋でサブカルの要素が強かった時期の『ガロ』を買って教室で読んだり、季刊『幻想文学』で紹介された作品を古本屋で探していました。同じクラスに探偵小説好きの友人がいたり、先生も探偵小説好きで、ぼくが黒板にいたずらで『大坪砂男』と書いたら、それを見た先生が（代表作の）『天狗』について語りだすくらいで（笑）」

この頃、のちに絶版文庫ブームを牽引した〈ふるほん文庫やさん〉が豊田市に開店している。中根さんはそこに通って、同店が発行する目録を読むことで、古本の基本的な知識を得る。ここで買ったのが、ウィンダムの『トリフィド時代』（創元推理文庫）。同じ作品のジュブナイル版を小学生で読んでいる。大げさに云えば、この作品はのちの中根さんの行動原理になる。

名古屋にある大学の経済学部に入り、大学の近くにあった〈ヴィレッジヴァンガード〉の本店でアングラやサブカルの本を買ったり、映画館でSFやホラー映画を観まくり、自主映画を制作してコンテストに応募するほどになる。中根さんの話を聞いていると、同時期にいくつもいろんなことに深くハマっているのが判る。

「大学では教授から大学院への進学を勧められました。ドクター中根という響きにちょっと惹かれましたが、自分がやりたいのはやっぱり妖怪のことだと思いました。それで、別の大学で民俗学を学ぼうとも考えたのですが、結局、映像関係の会社に就職しました」

仕事はきつく、古本屋通いが唯一のストレス発散法だった。SFやミステリー、UFO、オカルトなどの本を扱う〈猫又文庫〉の店主と意気投合し、仕事帰りに店に寄って話すのが楽しかった。どんな本がレアかということも教えてもらったという。

後に中根さんは、転職して二〇〇六年に東京に引っ越す。

「はじめて来たときは、神保町に行くのに神田駅で降りるという定番のミスをしています（笑）。神保町に電車一本で行けるところに住み、毎週のように即売展に通いました」

そこで昭和初期に発行されたエログロ雑誌『猟奇画報』を手にして、妖怪が出てくることに驚く。これまで自分が考えていたよりも、「妖怪」というテーマには広がりがあると気づいたという。この雑誌に関わった民俗学者・風俗史家の藤澤衛彦は、妖怪研究のキーパーソンの一人である。

「エログロ雑誌から検閲や発禁のことを知りたくなるというふうに、興味の範囲がどんどん広がっていきました」というように、平田篤胤『古今妖魅考』という和本から、科学者にして心霊学者のカミーユ・フラマリオンが書いた『科学小説　此世は如何にして終るか』（改造社、一九二三）まで、ここでは紹介できないほど多くの単行本や雑誌を見せてもらった。

東京での中根さんは、妖怪についてのイベントに参加したり、コミケで妖怪の同人誌を出している人に会ったりと、知り合いを増やしていった。小説家・翻訳家の北原尚彦さんが会長を務める日本古典ＳＦ研究会にも属し、毎月の例会にも参加する。また、超常現象を取り上げる同人誌『Ｓｐファイル』とその後継誌『ＵＦＯ手帖』にも参加している。いったい、いくつ並行してやってるんだ！

「喫茶店に集まって、蔵書を見せ合う会もやっていました。本は一人で集めていても広がりがない。詳しい人と情報交換することで、「そんな本もあるのか！」と知ることができるんです」

いま、中根さんが熱中しているのは、動く植物。先の『トリフィド時代』に出てきた食人植物の類《たぐい》は、さまざまな時代・場所の書物に見られるという。

「これも妖怪の仲間ですね。日本における食人植物のイメージが、どのように変遷していくかを追っているところです」

インタビュー後の二〇一九年六月に刊行された、ＡＳＩＯＳ編著『昭和・平成オカルト研究読本』（サイゾー）では、古本知識を総動員して、オカルト雑誌の流れを寄稿している。

中根さんは、ネットや目録ではほとんど古本を買わず、店や即売展で買うようにしている。本の状態を確かめて、納得してから買いたいという気持ちが強いそうだ。

「内容が面白くても、状態が悪ければ買わないことがありますし、後でいい状態のものが出たときは買いなおすことがあります。本は自分だけでなく、次の世代の人のものでもあると思うので。死んだあとは息子が継いでくれれば嬉しいですし、彼がその頃には妖怪から離れていたら古本屋を通じて市場に戻してもいいんです」

もっとも、アマゾンやヤフーオークションを使わないことで自分に制限をかけている面もある。

「興味の範囲が広がるばかりで、当然本は増えていきます。妻は結婚前から私の古本趣味は知っていますが、すでに部屋が二つ本で埋まっているので、二人いる子どもが大きくなったらスペースをどうしようと、いまから頭が痛いです」

ここでソウスケくんが「パパの部屋は本の川みたいになっていて、入り口がないんだよ」と口をはさむ。中根さんが云うには、生まれたときから本の山に囲まれているので、狭いすき間をすり抜けるのに慣れているのだとか。もっとも、怖い絵の表紙の本が多いので、「あの本をどこかに隠してくれ」と頼むというのがカワイイ。

このインタビューは出版社の一室で行なったのだが、ソウスケくんが「ここも本がいっぱいあるけど、うちよりはマシですよ」と真面目くさって云ったのには笑った。

中根さんの今後の探書と研究がますます深まることに期待するとともに、ソウスケくんが立派な古本マニアに育っていくように祈りたい。二十年後ぐらいに、また親子でインタビューさせてほしいものです。

奥付のない本を探すひと

七面堂《しちめんどう》さん

　一九九七年から八年間、私は『季刊・本とコンピュータ』という雑誌の編集室にいた。それまでネットと云えば、パソコン通信しかやったことのない私にとって、インターネットは深い海のようなもので、ヒマさえあれば検索エンジンやリンク集をたどってその海にダイブしていた。いまスマホを操作していても得られないあの頃のワクワクした感覚を、ときどき懐かしく思い出す。古本好きの人が開設したサイトもずいぶん見て、ブックマークに入れたものだ。「閑話究題　ＸＸ文学の館」もそのひとつだった。

　このサイトは「地下本」の書誌を載せたものだ。この場合の地下本の定義は、「公刊する事を前提としていない出版物の内、性を主題として扱っているもの」となるらしい。艶本、好色本、春本などとも呼ばれるものだ。

私も地下本らしきものは即売展で見かけていたが、あまり手に取ることはなかった。しかし、このサイトでは梅原北明、酒井潔、伊藤竹酔ら戦前のコレクター文化とも関係の深い人々や、彼らが発行した雑誌について詳しく記されていた。

その後もときどき覗いていたが、SNSが主流になってからはあまり見なくなった。最近見に行くと、しばらく更新が止まっているようだ。七面堂究斎《しちめんどうきゅうさい》と名乗る主は最近どうされているのだろう？　と思って、取材を申し込んだ。

「仕事をしていたときは、サイトを更新するのが息抜きになっていたんですが、定年退職したら、いつでも作業ができると思ってかえってやる気が落ちるんですよね（笑）。地下本について前に書いた原稿もアップしなければと思っているんですが……。Twitterなどはやってないですね」と、七面堂こと佐々木宏明さんは云う。

佐々木さんは一九五三年、足立区生まれ。父は帽子職人だった。小学生の頃から本好きで、周囲もそれを認めていたという。

「小学校の担任が辞めるときに、他の級友には小説の本をあげていましたが、私だけ『社会科年鑑』をもらいました。そういう本が好きだと思われたのでしょうか」

マンガ雑誌も好きだった。読んだら近所の古本屋で売って、週百円の小遣いの足しにしていた。立ち読みして、「出てけ！」と叱られたこともあるという。

中学になると、小説ではなく雑学系の本にハマり、宇宙人や古代史、奇術、占いなどあれこれ読む。占いについては、易経について調べたり文化祭で占いをしたりした。また、奇術については、大人になってから日本奇術連盟に入り、カードマジックを研究した。「興味を持つと、つい深いところまで行ってしまうんです」と笑う。

その頃、新刊書店で『千夜一夜物語』を見つける。河出書房から出たリチャード・バートン版の全七巻本だが、高くて手が出なかったので、古本屋でバラで集めた。これがエロスの世界への入り口となる。

工業高校を卒業し、汎用コンピュータの会社に入って保守部門に配属される。のちに別の会社に移るが、そこもコンピュータ系だった。この経験が書誌やサイトづくりに生かされる。

就職してしばらくは本を読む時間もなかったが、二十八歳ごろに『地下解禁本』（KKベストセラーズ）を読み、地下本に興味を持つ。

「編者の小野常徳は警察のOBだった人で、この前に『発禁図書館』（KKベストセラーズ）も出しています。『地下解禁本』には芥川龍之介が書いたと云われる『赤い帽子の女』や、『O嬢の物語』などが入っていました。それで、ここで紹介されているような地下本が実際に手に入らないかと思って、神保町の古書店の棚をじっくり見て、戦後の発禁本である『蚕の浮かれ噺』と『バルカン戦争』を見つけて買ったんです」

ちなみに、「地下本」と「発禁本」の違いは、摘発されたかどうか。法律を無視して出版した段階では前者だが、摘発されると後者になる。

「地下本の全体像を把握するのは、とても難しいです。活字版はまだ見当がつきますが、ガリ版で発行されたものとなると判りません。奥付がないので、発行年代を確定しにくいです。刊行案内や会員通信のチラシが一番確かです。『袖と袖』という題で知られているテキストは、最も多く発行されていますが、『痴狂題』というタイトルになっていたりする」

その後、古書展や古書目録でも地下本を探しはじめる。一回の目録でまとめて買うことにより、七面堂さんが地下本を集めていることが認知されるようになった。

「山の本に強い文京区のある古書店は、私が地下本を注文するようになると、その方面だけで自家目録を出した。配布する前に私に見せてくれたので、六十万円ほどまとめて買いました。もっとたくさん買いたかったが、予算が足りませんでした（笑）」

この中で買ったのが、伊藤晴雨が石版刷りで刊行した『論語通解』だった。五十部限定の私家版だが、性文化研究家の高橋鐵が所蔵する本のみの天下一本とされていた。七面堂さんは目録の中にこの本が違う題名で載っているのを見つけたのだ。

この調子で買いまくった結果、木造の家の床が本棚ごと抜けたという。

最初は集めた地下本を読んでいたが、タイトルが異なっていても同じテキストであることを確認することが主になっていく。もはや、エロスが動機ではなくなっている。パソコンのカード型データベースで、一冊ごとの書誌項目を入力して管理した。

一九八七年からは〈進和文庫〉という古本屋が出していた『IGNORANCE SIMPLE REPORT』で、「高資料」と呼ばれる性記録文献についての研究を発表する。作家の龍膽寺雄がこの資料にどういう関わりがあったかなどを検証した。

そして、これまでの地下本データをもとにHTMLの勉強を兼ねて二〇〇〇年につくったのが、「閑話究題　XX文学の館」というサイトだった。

「コレクションが溜まってくると人に見せたくなるという、コレクター心理からですね(笑)。本当は雑誌を発行したかったのですが、やり方も判らないし、サイトなら広く公開できるので。それと前年に別冊太陽の『発禁本』が刊行されたこともありました。発禁本研究家の城市郎さんのコレクションをもとにして、図版も多く収録していました。でも、地下本の現物にあたってみると、少し違うところがあると知らせたかったという理由もありました」

七面堂という名前にしたのは、「しちめんどうくさい、という意味もありますが、当初、古川柳、奇術、古代史、占いなど自分が好きなテーマごとに七種類のサイトをつくりたかったんです。でも、地下本だけで手いっぱいになってしまった」

最初のコンテンツは少なかったが、手に入れた地下本について判ったことを書いていくうちに、どんどん詳細になっていった。

「地下本はどの版が正統なのかを確定しにくく、Aという版とBという版の現物を比べてみるしかありません。その難しさが集めて、調べる原動力になっているのかもしれません。サイトでは同好の士からの反応があるのが嬉しかったですね。アクセス数は一番多かった時期で月に千件ぐらいでした」

これまで集めた地下本は単行本が三千冊くらい、雑誌は二十〜三十種。それ以外の本も二千冊以上所蔵している。

「すべての地下本をコンプリートするのは不可能ですが、見たことがないものがあとから出てくるから、なかなか蒐集をやめられません(笑)。いつかはそれらをまとめて書誌として刊行したいと思っているので、全部取っています。ただ、必要なときに出てこなくて困ることも多いです」

コレクションを継ぐ人もいないため、いずれは国立国会図書館などに寄贈し、研究の材料にしてほしいと考えている。

「地下本を集めるようになったのは、誰もそれが「本」だと認めていなかったから。だったら、自分で集めてやろうと決意したんです。でも、自分ひとりではやりきれなかったので、後世に託したいんです」

今年（二〇一九）五月に行なったインタビューの際に、七面堂さんは持参した地下本の一冊ずつについて、丁寧に説明してくださった。私のような門外漢がそれを引き写すよりも、「XX文学の館」には詳しく解説されているので、ぜひそちらを読んでいただきたい。

そして、いつかは地下本の書誌が刊行されることを願う。「奥付のない本」を網羅したその書誌には、編集者である七面堂さんの名前と発行日を記した奥付がつくはずだ。

集めて記録して手放すひと

山本幸二《やまもとこうじ》さん

五月のある日、私は神戸・元町の喫茶店で人を待っていた。〈チェリー〉というその店は、いまでは各地で姿を消しつつあるごく普通の喫茶店で、その時間はまだ空いていた。「お待たせしましたか?」と入ってきたのは、物腰が丁寧で、温厚そうな人だった。この喫茶店の近くにある〈花森書林〉の森本恵さんに、神戸で取材したら面白い古本好きを紹介してほしいと頼んだら、紹介してくれたのがいま目の前にいる山本幸二さんだった。

さぞや年季の入った古本コレクターなのだろうと思ったら、「私は二〇一一年から本格的に古本屋をめぐりはじめたんです」と云う。けっこう最近じゃないか。しかし、山本さんのお話を聞いていくと、この人の人生は「集めること」と不可分なのだと判ってきた。

山本幸二さんは、一九五一年に神戸市の中央区に生まれた。実家は光村印刷という会社を営んでいた。東京の光村印刷は神戸で創業したが、東京に移ったあと、神戸では別の人が経営し神戸光村印刷となり、その後、山本さんの祖父が引き継いだのだという。

同社は主に宣伝物の印刷を手掛けており、私がこの前日に大阪の〈本は人生のおやつです!!〉でトークをしたジュンク堂難波店店長の福嶋聡さんが、神戸で俳優として所属していた劇団のチラシやパンフレットも印刷していたそうだ。

「母は本好きでしたが、子どもの頃の私はあまり本を読んでいません。小学生の時に『世界の国々』という本を読んで地理が好きになり、中学生の頃は貝殻を集めていました。兄が白川峠に化石採集に連れて行ってくれたことから、高校では地学部に入りました」

高校のときは、化石を集めたり、星の写真を撮りに行ったりした。学校の図書館で天文や鉱物の本ばかり読んでいた。当時購読していたのが、日本気象協会発行の『地球の科学 cosmos』。「世界の熱帯低気圧」などの特集を組んでいる。「自然科学系の本ばかり読んでいて、文学はウソだと思っていました（笑）」とおっしゃる。高校では小説やエッセイしか読んでいなかった私とは真逆だ。

大学では経営学部に入る。クラブは地理研究会に属し、過疎地帯を調査して、報告書をつくった。

この頃、はじめて古本屋に行き、岩波新書を買った。つくり話だと思っていた文学も読むようになり、高橋和巳、安部公房、野坂昭如などを読んだ。

「『妊婦たちの明日』（角川文庫）を読んでから、井上光晴を集めるようになりました。暗いところが好きでした。この頃は元町、三宮の古本屋と、〈コーベブックス〉〈日東館書林〉〈海文堂書店〉〈丸善〉などの新刊書店をめぐっていました」

卒業後は、船舶用のエンジンメーカーである阪神内燃機工業に入社。一貫して、経理畑で仕事をしてきた。その頃から、野鳥の会に属し、山や川で野鳥の羽を集めた。それらを洗って分類し、クリアファイルに収める。

「なんでも分類して、記録することが好きなんですね。山に行った記録や、流れ星の観測記録なども付けています」

この頃になると、純文学の単行本が古本屋で安く買えるようになった。山本さんは新潮社の「純文学書下ろし特別作品」シリーズを集めた。

「装丁が統一されているので、集めやすいです。最後の方に函入りでなくなったときは、がっかりしました」

話を聞いていると、この頃からそれなりに古本も集めているように思えるが、当時の山本さんのなかでは他のコレクションほど古本に重きを置いてなかったのかもしれない。

　そして二〇一一年、山本さんに転機が訪れる。転勤で元町の本社に通勤するようになった。会社はそれ以前しばらく経営的に厳しかったが、業績が上がって余裕もできた。

「古本も安くなったし、バンバン買えるようになったんです」と山本さんは笑う。

　直接のきっかけは、〈海文堂書店〉が常設していた古本の棚を見たことだ。そこに本を出していた元町の〈トンカ書店〉で井上光晴の本を買い、毎週通うようになった。そして、京都から姫路まで、阪神間にある古本屋を訪れ、大量に買った。

「文学では井上光晴をはじめ、井上荒野、梨木香歩、川上弘美、干刈あがた、鈴木いづみなど。他にも地理や民俗学、鉱物、映画本などいろいろ買います」

　これだけ買って、相当数の本を読むというからすごい。

　山本さんはインターネットでは本を買わず、古本屋に足を運ぶ。文庫は千円までなど、価格の上限を決めている。

「〈ハニカムブックス〉では鳥の本を買うとか、自分でルールを決めています。それと、女性店主の古本屋は応援しています。昔の古本屋の店主は男が多くて、帳場の奥に座っていましたが、女性店主は立って接客している人が多いのがいいです。女性店主の古本屋が栄えると、本の幅が広がっていくと思います」

とくにトンカ書店の森本さんは「客の分け隔てがなくて、楽しんで仕事をしているのがいい」そうで、開店十周年のときは、集めてきた「純文学書下ろし特別作品」を全冊放出し、店でフェアを行った。

山本さんは、ひとつのコレクションがだいたい集まってきて、先が見えてくると、まとめて古本屋に売るのだという。それを「卒業」と呼んでいる。

「集めて、記録して、手放して卒業、というサイクルですね。それで次のコレクションに行くんです。古本屋で買った本は古本屋さんに戻すのが自然だと思うので」

コンプリートに近い状態で処分するのだから、古本屋にとってこんなにありがたい客はいないだろう。

しかも、山本さんは買った本の表紙をカラーコピーし、リストもつくっている。「いちど手元にあった証拠」だというが、処分するときにはそのリストも一緒に渡すそうだから、これもありがたい話だ。

最近では、トンカ書店が移転して今年（二〇一九）二月に〈花森書林〉として開店したのを祝して、これまで集めてきた福武文庫約四百冊を放出するフェアを行なった。取材時にはすでに半分売れてしまっていたが、私も阿部昭編『葛西善蔵随想集』など何冊か買った。

いまは、講談社文芸文庫を集めているそうだ。

「千点以上あって、いまでも刊行中なので、全部集めるのは諦めて、ひとりの作家につき二冊までにしようかなどと悩んでいます」

その様子は本当に楽しそうで、どっちでもいいから好きにすれば？　と突き放す気も起きなかった。

しかし、それだけ買っていれば、家のなかは大変だろう。

「たしかに本だらけですね（笑）。でも、置く場所はだいたい決まっていて、本棚にも岩波新書は番号順、文庫は作家別に並べています。入りきらない本は段ボール箱に入れています」

また、各地方の観光パンフレットや映画のチラシも数千枚あり、若い頃から集めてきた化石や鉱物もある。山本さんはそれらをすぐに取り出せるようにしているようなのだ。

私は部屋が狭いから、探している本が見つからないと弁明を重ねてきたが、本当はスペースの問題ではなく、整理することができるかどうかという性格と能力の問題だったのだろう。うすうす気づいてはいたけれど……。

「買った本はその日のうちに、リストにつけて整理しないと忘れてしまいますね」と山本さんはおっしゃるが、それができる人がうらやましい。

ダブって買った本は、会社の図書室に寄贈する。山本さんは会社の図書部にも属して、本の整理を行なっているという。同社の社史（『阪神内燃機工業百年史』）は、山本さんの古本屋とのつながりから、神戸の出版社・苦楽堂が編集している。

「古本屋に通うようになって、店主やお客さんなどいろんな人たちと出会って、話ができるようになったのはとてもよかったです」と、山本さんは語る。

取材を終えて花森書林に行くと、店主の森本さんが笑顔で迎えてくれた。福武文庫の本棚に立って、「あの本が売れた」などと話す二人を見ているとほのぼのとした気持ちになる。誰とも競わずに自分の好きな本を集めていって、古本屋さんにも愛される。素敵な古本人生だと思う。

「コレクションのテーマは次々に出てきますね。他に行くところもないので、これからも古本屋めぐりはつづいていくでしょうね」と、山本さんは笑った。

自分の「ことば」のルーツを探るひと

磯貝一《いそがいはじめ》さん

古本マニアの方々に話を聞くという連載をやっていながら、いまの私自身はすっかりその世界から遠ざかっている。古書会館の即売会にもめったに行かないし、以前は毎月何冊も届いていた古書目録もいまは届かない。いっぱしのコレクターになりたいという夢が潰えたぶん、真っただ中にいる人の話を客観的に面白く聴くことができるのかもしれない。

今回登場いただく磯貝一さんは、複数の古本屋さんから「あの人に取材してほしい」と名前が挙がるほどで、Twitter での発信も盛んだ。私も、古本関係のトークイベントで何度かお見かけしたことがある。取材を申し込むのが遅くなったのは、磯貝さんが今年（二〇一九）四月の杉並区議会議員選挙に立候補され、忙しそうだったからだ。それにしても、古本と議員がうまく結びつかない。

「区民のスマホ利用を推進したり、中央線文士など杉並区ゆかりの作家の作品をデジタル化するなどを政策に掲げたりましたが、落選しました。ネット（ブログ）だけの活動でどれぐらい票が得られるかを実例として示したかった。供託金は戻ってきたし、いろんな体験ができたので後悔はしていません」と磯貝さんは笑う。

一九五九年、父の転勤先の山口県下関市で生まれる。二歳で実家のある浅草に戻り、そこで育つ。

「父は東京外国語学校（現・東京外国語大学）でスペイン語やタガログ語を学び、商事会社に入りました。その上司が同じ浅草出身で外語でも先輩だった松村文雄という人で、「これからは学歴が大事だから」と、自分と同じように父にも東京帝大に行くことを強く勧めてくれました。この松村さんが、詩人の北村太郎です。ですから、父の本棚には松村さんの影響でパスカルやモンテーニュと並んで、北村太郎の詩集もありました」

また、母方の祖母は、女学校で丸谷才一の母の同級生だったという。さらに母の従兄弟は丸山一郎（のちのミステリ作家・佐野洋）で、戦後食糧難ということもあり一高の友人である大岡信や日野啓三を連れて、磯貝さんの家に食事をしに来ていた。

「いまの母は記憶がぼやけているので、以前に聞いておけばよかったなと思います。父と母の知り合いに文学に関わる人がいたことが、最近になって大きな意味を持ってきました」

磯貝さんは、のちに丸山一郎宛の署名入りの大岡信詩集『記憶と現在』（書肆ユリイカ）を〈虔十書林〉で入手したそうだ。

幼稚園の頃は、家にある童話全集を母に読んでもらったり、雑誌『少年』で手塚治虫の『鉄腕アトム』を読んだりする。小学校に入ると、江戸川乱歩や『ナルニア国ものがたり』を読む。高学年では床屋に置いてあった貸本マンガがきっかけで、『COM』や『ガロ』を読むように。

「三筋町にあった台東区立図書館には自転車で通っていました。近所の公園には「ひかり号」という移動図書館も来てましたね。やってくると、大人も子どもも並んで本の取り合いです。古書会館の即売会みたいでした」

近所には新刊書店が四、五店あり、上野の博物館に行くときには〈明正堂〉に寄った。古本屋にはほとんど行っていないが、一九七〇年に二天門産業会館で第一回「浅草古書展」が開催されたときには、父に連れられて行き、『毛沢東語録』を買ってもらったという。

磯貝さんは、ほかにも特異な読書体験をしている。詩人の谷川雁が筑豊炭鉱闘争から離れ、創設に参加した「ラボ教育センター」で、母がチューター（指導員）をしていたことから、磯貝さんも小学生で英語教育を受けた。その教材の本には文学の名作が収録されていたのだ。

「音楽付きの朗読オープンリールテープもあって、林光や武満徹らが曲を提供していました。チューター宛の機関誌『ことばの宇宙』という雑誌は読み物としても面白かったです。のちに平岡正明が編集に関わっていたと知りました」

中学の同級生には、のちに弥生美術館の館長になる鹿野琢見の次男がいた。

「彼の父は当時弁護士で、竹久夢二のコレクターでした。家に行って、こっそりきわどい絵を見せてもらっていました」

また、塾の先生は歌人の土屋文明の息子で、現代詩や前衛短歌を読まされた。当時はその良さがさっぱり判らなかったという。

文京区の都立高校に通い、鷗外記念図書館や真砂図書館に通う。小石川図書館はレコードを貸し出していたので、ジャズやクラシックを聴いた。この頃、パンクにハマり、レコード屋めぐりをする。一方で、バタイユや澁澤龍彥を読み、名画座で洋画を観まくるという、忙しい青春期を過ごす。

大学では日本近代思想史を専攻。小学生の数年間で、安田講堂の攻防、大阪万博、三島由紀夫の自決、あさま山荘事件など大きな出来事を見たことから、反日帝的な運動へシンパシーが生まれ、アナキズムに強い関心を持ったという。

「この頃、実家が浅草から西荻窪に引っ越しました。西荻は〈信愛書店〉など新刊書店が多くありました。でも、この時期はまだ古本屋には足を踏み入れていません」

また、アメリカのアンダーグラウンド・カルチャーへの関心から、翻訳をするようになり、阿木譲が発行する『ROCK MAGAZINE』、山崎春美が編集長だった『HEAVEN』に翻訳記事を載せた。そして、勃興しつつあったパソコンにハマり、大学卒業後は繊維会社などを経て、日本ソフトバンクに入社。その後も、コンピュータ／インターネット業界で仕事をつづけてきた。

「仕事が忙しかった頃は、銀座の〈イエナ〉でコンピュータ関係の洋書を買ったり、コンピュータ雑誌を読んだりするだけで、文学からは離れていました。でも、三十代後半になると多少余裕が出てきたんです。その頃、西荻窪の〈森田書店〉に通うようになった。店主が私と年齢が近くて、吉行淳之介などの話をしました」

古本屋通いを本格的に開始したのは、二〇一一年の東日本大震災のあと。

「不安な日々がつづき、死ぬ前に読んでおきたいと、未入手の絶版・品切れ本を古本屋で探しました。雑司が谷・鬼子母神通りで開催された「みちくさ市」で、大学の先輩である編集者が出店しているのを見に行ったら、隣が岡崎武志さんだった。その辺りから、古本屋にも即売会にも通うようになりました。自分が知らない本に出会えることが、とにかく楽しかったんです」

仕事柄、早くからはじめていたTwitterでも、古本のことをつぶやくようになる。古本屋と客のあいだをつなぎたいと、情報発信をしていった。

そして五年前、大きな出来事が起こる。悪性リンパ腫が見つかったのだ。五年生存率が五十五パーセントと云われ、死を覚悟した。

「人生ってなんだったんだろうと考えたときに、自分には「ことば」しかないと思いました。浅草に育って、浅草のことばが身近にありました。だから、浅草出身の田村俊子や小山清が好きです。ことばと土地の関連性を考えたことから、詩の本を読むようになったんです」

父と縁のあった北村太郎や、彼が属した『荒地』の同人の詩集から入り、現代詩の本を集めるように。約一万冊あるという蔵書のうち、半分近くが詩の本である。

「最も大切にしているのは、阿部次郎、小宮豊隆、安倍能成、森田草平の共著『影と聲』（春陽堂、一九一二）です。「漱石先生へ献ず　一仝」と署名が入っています。西荻窪の〈盛林堂書房〉の均一棚で見つけました。今後、これを上回る掘り出し物ができたら嬉しいですね」

二人いる娘さんは電子書籍派で、家じゅうを占めている本を「もう燃やしたい」と云われたこともあるという。「でも、家族にも価値が判るような本を残したいという気持ちはあります」と磯貝さんは云う。

磯貝さんは今年から、ヤフオクで全額募金のチャリティ・オークションを行なっている。売れた本はYahoo! 基金を通じて非営利団体に寄付され、被災地復興などの活動に利用されるという（二〇二〇年でサービス終了）。

「古本にはこういう使いかたもあるんだと知ってもらいたくて、はじめました。チャリティということで、結構高く買ってくれます。月に十万円以上売れることもあります」

また、国会図書館に所蔵されていない本を古本屋で見つけて、寄付（納本）したいとも語る。

「空いているピースを埋めたいという気持ちがあるんですね。先日は詩人の小野十三郎と、児童文学作家の三木澄子の本を送りました」

選挙への立候補もそうだが、震災と病気を経てからの磯貝さんは、これまでの経験を生かして、本と社会をつなげようとしている。その根底には、「ことば」への信頼があるのだろう。

人生初のコンプリートを遂げたひと

カラーブックスとものかいさん

昨年（二〇一九）、熊本市に取材に行った。その夜、〈舒文堂河島書店〉の河島康之さんに誘われて飲んだ席で、「カラーブックス」を集めているという女性に出会った。カラーブックスは一九六二〜九九年に保育社が発行していた文庫サイズのシリーズで、さまざまなテーマが取り上げられている。タイトル通りカラー写真や図版が満載で、古本屋で見つけるとちょっと持っておきたくなる。しかし、あれ、全部で何冊あるんだろう？　と聞くと、彼女はすぐに「九百九冊です」と教えてくれた。

彼女はその数か月後に「カラーブックスとものかい」というアカウントでTwitterを開始。一日一冊ずつ紹介している。なので、ここでは彼女のことを「カラともさん」と呼ぼう。

次に熊本に行ったときにはぜひ取材したいと伝えてあったが、新型コロナウイルスの拡大によってしばらくは行けそうもない。というわけで、この連載でははじめてのＺｏｏｍでの取材となった。

カラともさんは熊本県生まれ。

「最初の本の記憶は、家ではなくて幼稚園の図書室です。ちょっとうす暗い部屋で絵本を読んでいたこと覚えています。お気に入りだったのは『つきのぼうや』という海外の絵本。縦長のサイズで水色の表紙だったと思います」

小学校の図書室にも通った。

「音楽室の隣にあって、明るくて広かったです。そこにいる女の先生がお姉さんみたいで好きでしたね。三年頃になると、『こちらマガーク探偵団』、江戸川乱歩の少年探偵団ものなどを友だちと競って読みました」

家の周りには田んぼばかりで、母が買い物に行くときに小さい本屋に行ってコミックやマンガ雑誌などを買っていた。コバルト文庫で氷室冴子や赤川次郎なども読んだ。図書館は公民館の中にあり、土曜日に学校が終わるとそこに行って、公民館で習い事をしている母が迎えに来るまで本を読んで待っていた。

中学では、自転車で三、四キロ離れた学校に通う。剣道部に属していた。

「二年生あたりは、周りと調子を合わせるのが苦手で、休み時間にずっと本を読んでいました。その頃、熊本市の本屋にときどき行くようになりました。下通に〈紀伊國屋書店〉、上通に〈金龍堂まるぶん店〉と〈長崎書店〉がありました。気楽に入れたのは金龍堂、紀伊國屋はちょっと背伸びをしていく感じでしたね」

高校は熊本市の私立女子高校で校則が厳しかった。図書館は蔵書が多く、閉架書庫もあった。先生に種田山頭火の本を読みたいと云うと、図書館で買ってくれた。

大学に入り、国文学を専攻した。

「この頃はアルバイトや遊びで結構忙しくて、本からはちょっと遠ざかっていました」

大学卒業後に司書の資格を取り、地元に新しくできた図書館に採用される。カウンターから移動図書館まで、なんでもやった。新しく入った本のなかから、面白そうな本を探して読んでいた。

十一年勤めてから図書館はやめたが、その後も図書館に関わる仕事に就いている。

そんなカラともさんが古本屋に通うようになったのは、四年ほど前。

「会社の上司が本好きで、家に本が溢れていた（笑）。その影響で熊本市の上通にある舒文堂河島書店や〈天野屋書店〉、〈タケシマ文庫〉、熊本地震後にオープンした〈汽水社〉などに行くようになりました。本熊本《ぽんくまほん》（ブックイベントの団体）の一箱古本市も覗いていました」

そして、彼女は二〇一七年秋から「カラーブックス」を集めはじめる。

「それ以前に買ったものが七十～八十冊ぐらい集まっていました。写真がメインで、一度読んで終わりでなく、ときどき手に取って眺めると楽しいし、カバーのインパクトもある。『源氏物語絵巻』『桂離宮』などが好きです。『人形劇入門』を読んで、人形劇の世界の奥深さを知りました。そのときはレーベルとして意識してなかったんですが、手元にあるカラーブックスを並べてみると、「これ、全部集まったらスゴイかも」と思うようになりました。ネットで検索したら、全部で九百九冊あると知って集める気になったんです」

Excelで番号順のリストをつくって、そのプリントアウトを持ち歩くようになった。

古本屋も熊本市だけでなく、出張や旅行で行った東京や関西でも古本屋めぐりをする。

「奈良でも観光せずに古本屋ばかり回ってました（笑）。一軒の古本屋で百冊買ったこともあります。カラーブックスがきっかけで、いろんな古本屋さんに行けたのはよかったです。ただ、一日に七、八軒回ると荷物が重くなって、集中力がつづかなくなる。カラーブックスは写真が多いので、意外と重いんです。キャリーケースに九十冊ぎっしり詰めて、宅急便で家に送ったこともあります」

カラーブックスは百円均一の棚でも見つかるが、これだけあると、レアで手に入らないタイトルが存在する。当然、古書価も高くなる。

「一番高いのは『すすきののママ101人』ですね。それに次ぐのが『レディーのノート』。おしゃれな写真が入っている人生訓みたいな内容で、著者がなにものかよく判らないんです。福岡市の古本屋でこの二冊をいっぺんに見つけたときは嬉しかったです」

私が持っているなかではレアだと思っていた、キダ・タローの『コーヒーの店　大阪』は「わりと見つかるほうです」と云われて、ちょっとがっくり。

そして今年（二〇二〇）五月、ついに全冊が揃った。コンプリート達成である。

「最後の一冊は『東京で食べられるふるさとの味』。ヤフーオークションに百八十冊セットで出ていた中で見つけて買いました。本当は古本屋の店頭で見つけたかったんですけどね」

百八十冊って……。百七十九冊はすでに持っているのに、一冊のために買うとは。

「でも、その中に二十冊ほど私が持っていない初版があったので、差し替えができました。本当は全部、初版・初刷で揃えたいんですが、まだ重版が百七十冊ほどあるんです」

カラともさんによれば、カラーブックスは百番までは紙のカバーが付いているが、百一番以降はなくなるといった変化がある。本の背に星が入っているものと入っていないものがあり、「背がきちんと揃うようにしたい」と云う。

中身を読んだのは全体の二、三割で、電車、園芸などなじみがないテーマもあるが、判らないながらに見ていると面白く感じることもあるそうだ。

「シリーズの後半になると、エッセイ風で独りよがりな内容のものも増えます（笑）。だから、カラーブックスには拾い読みが似合います」

では、カラーブックスの魅力はなんだろうか？

「刊行当時は、文庫本サイズ、低価格の手軽な百科事典というところが受けたのだと思います。表現や表記に時代を感じて、忘れていた子どもの頃を思い出すこともあります。いま、あの時代には戻れないから、かえって魅力を感じます」

カラーブックスをきっかけに、古本屋通いに目覚めたカラともさん。古本屋についての本を読む機会も増えたという。

「店ごとに品揃えも雰囲気も違うので面白いです。いろいろ見ていくうちに、身近に感じられるようになりました。古本屋さんの仕事は苦労も多いと思うけど、憧れますね」

自分でもいつか、古本屋になりたいという気持ちがあるそうだ。

いま集めているのは、新書館の「フォアレディース」シリーズ、昭文社の「ミニミニカラー文庫」、「平凡社カラー新書」など。ハンディでビジュアルなシリーズに魅かれるようだ。

子どもの頃から集めるのは好きだが、熱しやすく冷めやすかったというカラともさん。コンプリートまでつづいた初のコレクションが、カラーブックスだった。

「本という定型のあるものだから、集められたのかもしれませんね」と笑う。

カラともさんは、次に何をコンプリートするのか。その報告を聞くのを楽しみにしている。

シャクナゲと本を追い求めるひと

関谷《せきや》良寛《よしひろ》さん

昨年（二〇二〇）九月に山形県に行った。新型コロナウイルスのせいで、各地のブックイベントはほぼすべてが中止となり、私も地方に出かける予定がほとんど白紙になった。

そんななか、山形県南部の川西町フレンドリープラザでは、例年の一箱古本市は中止になったが、新潟市〈北書店〉の佐藤雄一店長と私のトークイベントを予定通り開催してくれた。

川西町には、「Book! Book! Okitama」（ＢＢＯ）が開始されたときから毎年訪れている。作家の井上ひさしが生まれた地であり、フレンドリープラザには井上の蔵書をもとにした〈遅筆堂文庫〉がある。二〇二〇年は井上の没後十年という節目だった。それだけに、この地の本好きのみなさんと再会できることが嬉しかった。

米沢駅に着くと、荒澤芳治さんが迎えに来てくれていた。田沢寺《でんたくじ》の和尚で、ＢＢＯの母体となった読書グループ『ほんきこ。』のメンバーでもある。一箱古本市に毎年出店している古本好きだが、「私の先輩でもっとすごい人がいるから」と案内してくれることになったのだ。

米沢から二十分ほど車で移動し、小野川温泉に着く。駐車場に車を置いて、坂道をのぼると、その上に甲子《きのえね》大黒天本山というお寺がある。境内から温泉街を眺めていると、関谷良寛さんがにこやかに迎えてくれた。一九四九年生まれ。父のあとを継いで、この寺の住職となった。

関谷さんの記憶に残る最初の本は、小学校に入る前に読んだサン＝テグジュペリの『星の王子さま』。この中に出てくるバオバブの木に「どんな木なんだろう？」と想像を膨らませたという。

小学校の図書室には本が少なかった。中学校では図書室で夏目漱石の『こころ』などを借りて読んだ。高校では山岳部に属した。

「西吾妻山に登って、頂上でおにぎりを食べながら文庫本を読むのが楽しみでした。立原道造の詩集などを読んでいました」

その頃から同時代の作家には関心が薄く、志賀直哉や島崎藤村ら近代作家の作品を読んでいたという。

大学は東京の中央大学で、神保町の古本屋にはよく行った。動植物の本で知られる〈鳥海書房〉では、フランク・キングドン＝ウォード『青いケシの国』（白水社）を買って読んだ。ウォードはイギリスの著名なプラント・ハンター（植物採集者）である。関谷さんはのちに、ネパールでたまたまウォードの旅の跡を歩いたという。

また、当時は神保町のパチンコ屋で、景品の中に本があった。

「筑摩書房だったかの日本文学全集が欲しくて、パチンコ屋に通い全巻揃えたこともありました」と笑う。

在学中に、読んだ本の書誌事項とポイントの抜き書きをカードに記すようになった。その習慣は現在もつづいており、何万枚にもなった。このカードホルダーが自分の一番の宝物だと関谷さんは云う。これとは別にノートに本の感想も書いている。

現在は寺のサイトで「本のたび」として、読んだ本を紹介している。二〇〇六年から現在まで、千八百冊以上。旅の本から人生論、歴史、科学、エッセイなど、幅広く読んでいる。

寺を継ぎたくなくて経済学部に入った関谷さんだったが、父に「帰ってこい」と云われ、大学卒業後、京都の醍醐寺で一年間修行したのちに、小野川に帰ってきた。東京で集めた本が一万冊以上あり、一時はここで小さな図書館をやりたいと思っていたが、家を建て替えるときに置場がないのと管理の大変さからほとんど処分してしまった。

「それでもいつの間にか、また増えていますね(笑)」

地元に帰ってきた関谷さんは、「この環境でしかできないことをやろう」と、栽培が困難とされるシャクナゲを育てはじめる。シャクナゲは世界で八百五十種もあると云われる。関谷さんは五十年かけて、六千本を生育。日本国内では最も多いという。

さらに、シャクナゲを求めて中国、インド、ネパール、ブータンなどを旅し、写真を撮ってサイトに載せている。

当然、シャクナゲに関する本も集めている。

「『Rhododendrons of China』全三巻のうちⅢがなかなか手に入らなかったのですが、鳥海書房で見つけたときは嬉しかったです。また、『Joseph Hooker's Rhododendrons of Sikkim-Himalaya』(一八四九)という図譜は古書目録に三百八十万円で載っていて買えませんでしたが、のちにイギリスのキューガーデンで復刻版を見つけて買いました」

中国やイギリス、ニュージーランドの古書店でも、植物に関する本を買ったという。

「本を集めるのには、こだわりがないと面白くないですね」と関谷さんは云う。

「この本も大切にしているんです」と関谷さんが見せてくれたのは、『森へ――ダリウス・キンゼイ写真集』（アポック社出版局、一九八四）という大判の本だった。アメリカ開拓時代の森の伐採を撮影した写真集で、中上健次が解説を書いている。

「『BE-PAL』で紹介されているのを見て、本屋に注文したらすでに絶版でした。その後、ブータンに行ったとき、たまたまこの出版社の社長と同室になったんです。後日、彼がこの本を送ってくれました」

本への執着が呼びおこしたような出会いだ。偶然だが、必然でもある。

一昨年（二〇一九）、関谷さんはマダガスカルを訪れて、バオバブの木を見た。

「子どもの頃に読んだ『星の王子さま』を思い出して、三日間眺めていました」と感慨深げに話す。

シャクナゲ、旅、写真、そして本。関谷さんのやることには時間がたっぷりかかっている。その継続が深みを生むのだろう。いつかこの寺で、関谷さんの説法を聞いてみたいと思った。

幻想文学に魅せられたひと

村上博美《むらかみひろみ》さん

鳥取市に行ったことがなくても本好きなら、〈定有堂書店〉という名前を耳にしたことがあるかもしれない。一九八〇年創業で商店街の中にある小さな新刊書店だが、ミニコミを発行したり、店内で映画愛好者のサークルや読書会を開催したりしている。いわば鳥取の文化の交差点のような店なのだ。

十五年ほど前だったか、店主の奈良敏行さんに誘われて、定有堂でトークをした。この店の常連であり、さまざまな活動に関わっている人たちが多く集まってくれた。そのとき、奈良さんから村上博美さんを紹介されたのだと思う。すらりと細い体型で物静かな男性だった。県立図書館に司書として勤めながら、古本にも精通しているという。『幻想書誌学序説』（青弓社）という著書があると聞いて、あとで入手して読んだが、その該博な知識と柔らかい文章に驚いた。

今年（二〇一九）のはじめ、久しぶりに鳥取市に行き、定有堂を訪れると、奈良さんから『音信不通』というフリーペーパーを手渡された。そこに「ムラカミヒロミ」という人が少年時代の思い出を綴っている。あの村上さんである。なんだか久しぶりに、この人に会って話を聞きたくなった。

村上さんは一九五九年、鳥取市生まれ。父が国鉄に勤めており転勤が多かったことから、倉吉市（鳥取県）や木次町《きすきちょう》（島根県）で暮らしたこともある。「小学校の低学年までは、とにかくマンガ漬けでしたね。私が生まれた年に『少年サンデー』と『少年マガジン』が創刊されています。テレビのアニメもよく見ていました」と、村上さんは云う。

小学四年ごろ、〈富士書店〉（現・今井書店）の鳥取駅前店で、父から江戸川乱歩の「怪人二十面相」シリーズを勧められる。ポプラ社からの刊行が始まった時期で、最初に読んだのは『怪奇四十面相』だった。「戦後の乱歩作品ではベストだと思います。これを最初に読んだので、すっかりハマって、学校図書館や県立図書館で探してシリーズ全作を読みました」。当時は市立図書館はなく、県立図書館は新刊を一か月間は館外貸し出ししなかったので、館に通って読んだという。並行して、同じくポプラ社から出た南洋一郎翻案の「怪盗ルパン」シリーズや、山中峯太郎翻案の『名探偵ホームズ全集』を全巻制覇した。

中学に入ると、筒井康隆、星新一、遠藤周作、北杜夫などを文庫で読む。小林信彦の『オヨヨ島の冒険』に衝撃を受け、本屋を探しまくってシリーズを揃えたという。「この頃は、本屋で『出版年鑑』を見せてもらって、店頭にない本を注文するということもやってましたね（笑）。トーハンが発行していた『新刊ニュース』も毎月チェックしていました」というからすごい。

当時、鳥取市内には古本屋が二軒あった。そのうち〈西谷敬文堂〉には、中学に入って父と一緒に小学校で読んだ本を売りに行った。「学校の卒業と同時に、幼年時代の読み物を卒業する、という意識があったんでしょうか」。また、〈岡垣書店〉は本の量が多く、積んだ本で通路がふさがっていたという。

ミステリやSFだけでなく、少女マンガも好きだった村上さんは、ある少女漫画家が近況欄に最近読んだ作家として挙げたことで、澁澤龍彦の名を知る。澁澤との出会いは、世界がひっくり返るくらいの衝撃だった。

その後、本屋で雑誌『牧神』（牧神社）の創刊号を見つける。特集は「ゴシック・ロマンス　暗黒小説の系譜」だった。

「これはただごとじゃない雑誌だと感じましたね。こんな世界があるとは知らなかった。

こんなものを読んでも構わないんだと、お墨付きをもらったような気分になったんです」

さらに、西谷敬文堂で平井呈一訳のブラム・ストーカー『吸血鬼ドラキュラ』（創元推理文庫）を入手したことから、吸血鬼ものへの興味が高まる。

「牧神社から日夏耿之介の『吸血妖魅考』の復刻版が出るという予告を見て、版元に手紙を書いたんです。すると編集者から「英語の勉強をしておくと、原書で読めるようになるから」という返事をいただきました」

高校に入ると、文芸部に属し、部誌などに小説を書く。学校図書館の司書と図書館担当の教諭らから、桃源社、創土社などのマイナー版元を教えてもらったり、雑誌『幻想と怪奇』を貸してもらった。ダンセイニ、ブラックウッド、ビアズリー、夢野久作、小栗虫太郎など異端・傍流の作家を教わる一方、スタンダードな名作を読むことで自分の立ち位置を知ることの重要性も教わった。

村上さんは高校を卒業して、県庁に入る。勤めをつづけるうち「やはり本を扱う仕事をしたい」と、異動希望を出した。通信教育で司書の資格を取り、県立図書館に勤務する。「社会人になって自分の金が使えるようになると、集める本の範囲も広がっていきました。新刊は定有堂書店や富士書店で買い、古本は『日本古書通信』に載っている目録から注文しました。地方に住んでいると、なかなか古本屋の店舗には行けないので。取引ができると新たな目録が送られてくるようになり、機会がどんどん広がっていきました。帯やカバーの有無、函の状態など、目録に書かれていること、いないことにも注意するようになりました」

村上さんが当時から集めていたのが、一九七〇年前後に活動し、種村季弘の『吸血鬼幻想』などを刊行した「薔薇十字社」の本だ。

「造本がきれいで、持っているだけで嬉しくなります。全三十六点を十年かけて集めました。なかでも、バルベイ＝ドールヴィリ『妻帯司祭』は配本途中に会社が倒産し、急遽回収されたという説もあって、入手困難でした。のちに判ったのですが、同書は回収されてから、改装されて「出帆社」から新たに刊行されたんです。そのため、薔薇十字社版はゾッキにも出ずに残らなかった」

村上さんによると、幻想文学に関する本はもともと刊行点数が少なく、時間をかけるうちにかなり集まってきたという。周辺部分へも手を広げ、画家の挿絵本なども集めるようになる。神田小川町の〈崇文荘書店〉の目録から、エドガー・アラン・ポーの挿絵で有名なアイルランドの画家ハリー・クラーク、『フランケンシュタイン』の挿絵を手がけたリンド・ウォードの本を注文した。持っていない本があると、先方から連絡してくれる関係になった。最近は、インターネットで海外の古書店に注文することも多い。

「すでに持っている本でも、帯や函などがいい状態のものが出ればもう一冊買うことはあります。洋書は日本に持ってくると、紙にシミが出てしまうので、管理に気を遣います」

五十歳を過ぎてから、「あと何冊読めるのか」と考えるようになった。コレクションは市場に還流させるべきだと考え、死ぬまでに処分したいのだが、「そのタイミングがむずかしいですね」と笑う。

しかし、ひとつのコレクションが形になったとしても、村上さんの本との付き合いはまだまだ終わらない。

乱歩の「少年探偵団」シリーズの初出雑誌から挿絵画家の変遷をたどること、少女マンガの中のゴシック・ロマンスの系譜を考察すること、角川文庫の赤版やカッパ・ノベルスを集めることなどなど。定有堂のサイトでも、「黄色い部屋の片隅で」と題するミステリ本収集についてのエッセイを連載している。調べたいこと、書きたいことが、いくらでも出てくるようだ。

最後に、「これまで本につぎ込んだ金を足したら、家の一軒は買えたかもしれない。でも、本を集めることが楽しかったたし、読むことで自分の世界が格段に広がった。仕事の役にも立ちました。だから後悔はしていませんね」と、村上さんは静かに断言した。

「昭和四十年代」を追い求めるひと

三《み》原《はら》宏元《ひろもと》さん

新型コロナウイルスが拡大し、自宅で過ごさざるを得ない日々がつづいた二〇二〇年春、Facebookに「7日間ブックカバーチャレンジ」というものが現れた。好きな本の表紙画像を一日一冊、七日間投稿するというもので、私自身は誘われることも自分から参加することもなかったが、流れていく表紙を眺めていた。その中で、一番面白かったのが、三原宏元さんの投稿だった。

三原さんは七日間という期間を無視して、ご自身が集めてきた片山健やロバート・クラムに関する本や雑誌、レコードの画像を延々とアップしていた。次々に出てくるレアな画像に圧倒された。どうやってこれだけのコレクションになったのか、話を聞きたいと思った。

三原さんは港区南青山で〈ビリケン商会〉という、古いおもちゃを扱う店を営んでいる。その奥には〈ビリケンギャラリー〉があり、画家や漫画家の展示を行なう。また、ビリケン出版として絵本などを刊行している。この小さな場所は、いくつもの顔を持っているのだ。

そのギャラリーを訪れると、「いらっしゃい。ここは落ち着かないから、上で話しましょう」と三原さんは誘ってくれた。スラリとした長身にヒゲがトレードマークだ。同じマンションの上の階に行くと、「ちょっと待ってね」と云って、入り口にあるものを外に出しはじめた。それらをどかさないと中に入れないのだ。

やっとわずかに生まれた空間は、太っている私には絶望的に狭い。壁の本棚に顔を擦り付けるようにして奥に進む。そこにも座る場所はなく、結局、ベランダに椅子を置いて、中にいる三原さんに話を聞くことに。背中に雨の音を聴きながらのインタビューとなった。

一九五二年、福岡県八幡市（現・北九州市）に生まれる。父は地元企業である安川電機に勤めていた。「父は絵が上手かったです。会社の作業場でこっそり軍艦をつくってくれたこともあります」。両親と祖父、叔父、五歳下の弟と小さな家で暮らしていた。大家族であり、母は洋裁の内職をしていたため、絵本を読んでもらった記憶はないという。

「近所に貸本屋があって、よく行っていました。水木しげるの戦争ものや貸本雑誌の『影』があったけど、あまり好きじゃなかったな。休みのたび、父の実家（島根県）に帰省する時に『少年』（光文社）などのマンガ雑誌を買ってもらいました。汽車の中でそれを読むのが楽しかった。いまとなっては、付録のおもちゃのほうが印象に残ってますね」

小学校に行く途中に、木で飛行機をつくるのが上手いお兄さんが住んでいて、しょっちゅう遊びに行った。「その人に木でつくった実物大ウィンチェスター銃をもらったんだよ。嬉しかったなあ」。まだプラモデルが普及する前の話である。高学年になると、『模型とラジオ』（科学教材社）を毎月買ってもらっていた。

小学六年生のとき、埼玉県の入間市に引っ越す。「北九州は都会だったから、いきなり何もない茶畑のなかに来た感じだったね」と三原さんは笑う。中学校に入ると、サッカー部、テニス部、美術部などに属する。レーシングカーや鉄道模型が好きで、自分で改造したりした。

「この頃だったか、父の本棚で見つけた『新潮』で、大江健三郎の『性的人間』を隠れて読みました。あれは人生ではじめての衝撃だったね。自分で買っていたのは、『平凡パンチ』と『ボーイズライフ』。親に見られると恥ずかしいから、カラーグラビアを外して家に持って帰った（笑）。ずっと後になって、埼玉の家を改築するときに、病気の父がそれらの雑誌を捨てないで倉庫に移してくれていた。僕がこういう古いものを扱う商売だと理解してくれてたんだなと思いました」

それからの三原さんは、サブカルチャーまっしぐら。池袋や新宿で映画を観て、ビートルズのレコードを聴く。『平凡パンチ』『メンズクラブ』などの雑誌を読み、横尾忠則、伊坂芳太郎、柳生弦一郎らのイラストレーションに魅かれる。

高校に入ると、古い時計を集めはじめる。古道具屋に通ううちに「時計のあんちゃん」と呼ばれるようになった。高校卒業後、大学を受けるが失敗。その後、桑沢デザイン研究所に入ろうとするが、周りの受験生が予備校の友人同士でつるんでいるのを見ているうちにイヤになり、合格発表を見に行かなかった。

その頃、古いブリキのおもちゃがアンティークとして扱われていることを雑誌で知り集めはじめた。一九七六年、知人と共同で日本で最初の古い玩具専門店〈ビリケン商会〉を設立。数年後に自分の店になった。

「オープン当初はまったく売れませんでしたが、お客様たちが私よりちょっと年上のデザイナーやカメラマンのような職業の方が多く、その方々の話を聞くだけでも面白かったのです。その後、古い玩具だけでなくソフビ製フィギュアやブリキの玩具などの製造販売もしました」

そんな三原さんが古本を集めるようになったのは、片山健がきっかけだった。

「一九七〇年代に『こどものとも』などで片山さんの作品を読んでいましたが、一九八五年に結婚して子どもが生まれてから、もういちどハマりました。一九八九年に渋谷の〈パルコ〉で片山さんの個展があり、そこで原画を見たのも大きかったですね」

三軒茶屋にあった古本屋〈喇嘛舎《らましゃ》〉(のち神保町に移転)で、片山健の画集や絵本、雑誌を買いまくった。

「喇嘛舎は一九八二年に片山さんの『マッチのとり』という画集を復刻していますが、その元となった自費出版の画集を入手したときは嬉しかったですね。それに、片山さんはいろんな著者の本や、『映画評論』『グラフィケーション』などの雑誌の表紙に絵を描いていています」

三原さんは、片山健作品の収集ノートをつくり、そこに情報を書き込んでいる。すごい情熱だ。一九九八年にビリケン出版をはじめたのも、片山健の『きつねのテスト』という絵本を出したかったからだという。

片山健から土方巽、赤瀬川原平、四谷シモン、つげ義春ら、昭和四十年代のサブカルチャーをリードした人たちの本を集めるようになった。

一方、ロバート・クラムを知ったのは、雑誌『宝島』の記事だった。

「クラムは、ジャニス・ジョプリンの『Cheap Thrills』というアルバムのジャケットを描いています。それでクラムの作品を集めるようになりました。渋谷の恋文横丁に植草甚一も通った〈石井書店〉がありましたが、この店が引っ越しするときにデッドストックの洋雑誌を大量に放出したのをかなり買いました」

レコード集めにも年季が入っており、一時は経堂で〈ホームラン〉という中古レコード店を経営していたほどだ。

先に挙げた喇嘛舎のほか、神保町の神田古書センターにあった〈アベノスタンプコイン社〉にも行き、絵葉書やポスターを買った。また、小田急沿線に数店あった〈ツヅキ堂書店〉にもよく通ったという。

「ツヅキ堂は祖師ヶ谷大蔵、梅ヶ丘、鶴川、京王線の仙川などに支店がありました。祖師ヶ谷の若い店長がサブカルのセンスを持っていて面白かった。そういう店の棚の背表紙を眺めているだけで幸せになって、何か買って帰りたくなります」と三原さん。

そうやって集めた本は、この部屋だけでおさまらず、自宅と倉庫にあふれている。「下手に整理すると見つからない。積み重なった山のままにしておく方が見つかりやすいんです」と云うが、ホントだろうか？

コロナ禍での自粛期間に久しぶりに本の整理を始めたところ、急に火が点いて、誰からも頼まれていないのに、片山健とクラムの本をFacebookに延々とアップしている。

「これまで集めたものをいつかは本にまとめたいという気持ちは、やはりありますね。生きてきた印のようなものを、世の中に残したい」と三原さんは語る。

最後に三原さんは、幸せだった日のことを話してくれた。

「一九九一年頃、つつじヶ丘の鉄道模型屋に行った帰りに、つげ義春さん一家が散歩されているのを見かけました。その日は銀座のギャラリーで片山健さんのサイン会があって、『大きい川 小さい川』（ほるぷ出版）にサインをしてもらいました。このときは、井上洋介さんもいらっしゃいました。ずっと好きで追いかけていた三人に同じ日に会えたのは嬉しかった」

おもちゃにしても本にしても、三原さんのルーツは、多感だった十代で出会った昭和四十年代の表現なのだ。それを生み出した人たちの仕事を、今後も追い求めていくのだろう。

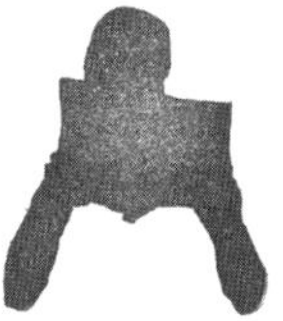

古本で調べる

古本屋歩きは釣りに似たところがある。ヤマメを釣ろうか、フナを釣ろうかと目的をたてることなく歩いていても、たいてい、一歩店のなかへ入っただけで、なんとなくピンとくるものがある。魚のいる、いないが、なんとなくわかるのである。

開高健『ずばり東京』

光文社文庫　二〇〇七

古書目録から本をつくったひと

かわじもとたかさん

追悼号、畸人伝、すごろく、装丁家、序文……。かわじもとたかさんは、ほかの人が目をつけない独自のテーマに関する文献を集めた書誌を三十年近くにわたって刊行してきた。しかも、その情報のソースが主に古書目録だというのもユニークだ。ぜひお話を聞きたいと、お住まいの近くの喫茶店でお会いした。

かわじさんは一九四九年、高知市生まれ。母はかわじさんを生んですぐ亡くなった。父は開業医で、かわじさんも医者になるつもりだった。十五歳のとき一家で東京に移り、國學院久我山高校に進学した。

「子どもの頃は本にあまり興味がなかったんです。親が『イワンの馬鹿』を買ってくれたけど、それを枕にして寝てたぐらい（笑）。本屋に通うようになったのは、東京に移ってから。古銭を集めていたので、コインの店のある神保町のすずらん通りに通うようになって、ときには本屋にも寄りました。また、中野にいまもある〈明屋《はるや》書店〉にはよく通っていました」

大学の医学部を受けるが、二浪した。その間、夏の予備校で尾崎放哉の「咳をしても一人」という句を知り、ショックを受ける。講師に勧められて、平野謙の『昭和文学の可能性』（岩波新書）を読んだ。「内容は判らなかったけど、はじめて読み切った本だったね（笑）」。その後、詩に惹かれて壺井繁治、金子光晴などを読むように。

「結局、中央大学の理工学部に入ったけど、当時は大学闘争の最中で授業なんかやってない。それでブラブラしているうちに、大学をやめて印刷所でアルバイトをしました。この頃にはかなり本を読んでいて、『日本読書新聞』『図書新聞』『週刊読書人』などの書評紙に載っている出版社の広告を見て、出版目録を取り寄せたりしました。また、兄に連れられて、荻窪古物会館で開催されていた古書展に行ったこともあります」

結婚を機に、中野の病院で検査助手として働く。資格を取るために、板橋区大山にある検査学校に通った。すぐ近くに〈竹田書店〉という古本屋があって、そこで清水崑の本を買ったりした。

「詩の次にカッパに興味が移って、カッパの絵を描いていた清水崑の本を集めたんです。

検査技師という仕事もがん細胞がどこにあるのか調べて探すことが大事ですが、本に関しても調べることが楽しくなってきた。高円寺の〈都丸書店〉で、女性の店主が帳場で仕入帳を開いているのを見て、自分でもノートをつくるようになった。古書目録からたとえば、鳥瞰図画家の吉田初三郎というテーマに関する本の情報を切り抜いて『閑地《あきち》』というタイトルをつけたノートに貼るんです。その後、個別のテーマごとのノートもつくっています。『すごろく』などは何冊にもなりました」

東京古書会館や西部（高円寺）、南部（五反田）、横浜（反町）などで開催される古書即売展に通う。買えないときは本のタイトルなどをメモ用紙に書き込む。

「古本屋さんとはなるべく知り合いになりたくないですね。プロの目から見たらなんだと思われるような本ばかり買っているし（笑）。『月の輪書林古書目録を一考す。』（二〇一六）という本も出していますが、月の輪さんとはいまだに面識はありません」

四十一歳のとき、仕事が外注になったことをきっかけに、それまでの人生を振り返るようになった。

「がん細胞を見つけることに情熱を注いでいたので、自分の仕事は何だったんだという疑問が生じました。それで、これまで調べてきたことをもとにして、定年までに本を十冊出そうと決意するんです。最初に出したのが『追悼號書目』（一九九一）です。仕事柄、死について関心があったので。編者はジョン・クロゼットとなっていますが偽名で、ジョンもクロゼットもトイレを意味する単語です（笑）。自費出版で百部つくりましたが、問い合わせが多くてすぐに売り切れました。ぼくの本はすべて杉並けやき出版から刊行していますが、どれも自費出版です。同社の小川剛さんは昔からの知り合いで、ぼくが彼のがん細胞を見つけたんです。出版費用を捻出するために、本来の仕事のほかに、別の施設でアルバイトをしました」

『死に至る言葉』（一九九三）、『畸人傳・伝』（一九九五）のあと、一九九九年に『水島爾保布著作書誌』を刊行。水島は谷崎潤一郎『人魚の嘆き　魔術師』（春陽堂）の挿画で知られる画家で、随筆家でもあった。息子はＳＦ作家の故・今日泊亜蘭さん。かわじさんと同郷の安岡章太郎がエッセイで触れていたことで水島を知り、随筆集『愚談』（厚生閣）を京王百貨店の古書市で掘りだして以来、彼の仕事を調べてきた。

「この本がきっかけで、作家の山下武さんが主宰する参土会に参加するようになりました。月に一回集まって、交代で発表するんです。そこで会った人からいろいろ教えてもらいましたね」

次第に本の置場所がなくなり、洋服ダンスが本で埋まるようになった。高知の姉の家に置いてもらっていたが、「どの本を送ったかメモしておいても、あんまり役に立たないですね（笑）」。結局、すべてブックオフで処分した。

その後、『古書目録にみた「すごろく」』（二〇〇三）、『装丁家で探す本』（二〇〇七）とつづき、『序文検索』（二〇一〇）と『序文検索　2箇目』（二〇一四）では、本の序文や跋文を書いた人物に注目した。

「もういつまでも生きていられないかもと思って、それまでの仕事を五十九歳でやめて、この本をつくりました。日本近代文学館に通って全部の目録カードを見るのに、三年二か月かかりました。さらに、古書目録やネット古書店のデータから古書価を調べて入れています」

そして今年（二〇一八）、十冊目となる『続装丁家で探す本　追補・訂正版』を刊行。六百ページを超える厚さで、四百三十余人・九千百冊の装丁本のデータを掲載している。

「竹久夢二のように有名で、美術館もあるような人は外しましたが、それでもどこまで止めるかが見えませんでした（笑）」

目標の十冊を出し終えても、かわじさんの探索の日々は終わらない。ノート、日記、手帳、美術館通いのメモ、夢日記と、さまざまなものに同時並行で記録している。バスの待ち時間にも思いついたことをメモするので、退屈している暇はないと云う。また、西荻窪の〈モンガ堂〉などで装丁本に関する展示会を企画し、古本屋さんを勝手に応援している。

「四十一歳で仕事上の挫折があったとき、このまま消えていくのは嫌だと思ったんです。世の中に本を残すことが、自分の存在価値だと思いました。文章を書くのは苦手だけど、仕事でこつこつと症例を集めていたのと同じで、どれだけ多くのデータを入れられるかにはこだわりたい」

かわじさんは最後に、「ポコ・クランテ」と題したノートを見せてくれた。

「イタリア語でわき見ばかりという意味です。チャールズ・ダーウィンが子どもの頃にこう呼ばれたそうです。ダーウィンは主流ではなく傍流のテーマに興味があったんです。ぼくも同じで、つねに傍流の方へと行きたいです。いまも、色の本、父についての本（誰が何歳で自分の父のことを書いたか）、数字が付いている本など、ありそうでこれまでなかったテーマを調べて、記録しています。こういう生活は死ぬまで終わりませんね（笑）」

「図書館絵葉書」を発見したひと

書物蔵《しょもつぐら》さん

ブログが盛んだった二〇〇五年、何かのキーワードで検索したら、「書物蔵」というブログにぶつかった。該博な知識と、顔文字を多用したオタクっぽい文体のギャップが面白く、毎日チェックしていた。その年、私が自宅で開いた「一部屋古本市」にこのブログの主が参加している。当時は「書物奉行」と名乗っていたはずだが、いつのまにか、ブログの名前と同じ「書物蔵」が通り名となった。ここでもそう呼ぶ。

その後、古書即売会や一箱古本市などで顔を合わせるようになり、同じ年生まれであることや、書誌や出版史などの興味が合うことから、お付き合いねがってきたが、考えてみると彼のプライベートなことは何も知らないのだった。

都内にある書物蔵さんのお宅を訪れると、そこはプラモデル店だった。出てきたおじさんが、「息子は中にいますよ」と教えてくれる。お父さんはプラモデル屋さんだったのか。自分の家がそうだったら、さぞかし自慢だっただろう。ちょうど、街の模型店が出てくる長嶋有の短篇『Ｍｒ．セメントによろしく』（『私に付け足されるもの』徳間書店）を読んだところなので、そんなことを思う。

「では、こちらで話しましょう」と書物蔵さんが誘ってくれたのは、隣の一軒家だ。中に入ると、本棚がずらりと並び、そこに収まりきらない本は床に置かれたり、段ボール箱に入れられている。二年前（二〇一六）に購入し、「古本研究所」と称しているが、まだ本は整理中で、三分の一は実家の部屋にあるという。

書物蔵さんは、この町で生まれた。曽祖父は明治末から昭和三十年ごろまで、古道具屋を営んでいた。九歳のとき、父がサラリーマンを辞めて、念願だったプラモデル店を開業。その前から書物蔵さんもプラモデル好きだった。

「変わったもの、珍しいものへの興味は、この頃からありました。メッサーシュミットのプラモでも、ドイツ軍のものじゃなくて、スペイン軍が使った際の塗装で仕上げるとか（笑）。読むものも、『ホビージャパン』などのマニア雑誌でした。あと、シミュレーション・ボードゲームにもハマりました」

都立高校時代に西洋史への興味がわき、中公文庫の『世界の歴史』や塩野七生の『海の都の物語』などを読む。優等生だが、人づきあいが苦手だったこともあり、「いまの日本と関係のないことをやりたい」と考え、慶應大学文学部の西洋史学科で東ローマ帝国史を学ぶ。

「この頃、はじめて神保町に行ったんです。〈山陽堂書店支店〉などで岩波文庫の絶版本を集めました。当時の絶版文庫はいまでは考えられないくらい高かったですよね(笑)。早稲田の古本屋街にもよく行きました。その後、『全国古本屋地図』を見て、関東近県の古本屋めぐりをするようになったんです」

大学四年のとき、学費を稼ぐために、大学図書館で「学生嘱託」として働きはじめる。地下書庫のなかをうろついて、本を開いた瞬間の音を聞いてフェティッシュな快感を覚えたという。「ここではないアナザーワールドに連れて行ってくれるように思えたんです」。この仕事に向いているのではと思い、同大の図書館・情報学科に学士入学する。

卒業後、書物蔵さん曰く「大きすぎる図書館」に就職。母校の大学図書館にも受かっていたが、そちらには自分の趣味の本は置いていない。「ここならどんな本でもある。書庫の中でエロマンガも立ち読みできるかと……。ずっと優等生で通してきたから、マジメじゃないものに惹かれていたのかもしれませんね」と笑う。現実にはチラ見程度しか「お仕事読書」はできなかったそうだが。

社会人になってからは、図書館学関係の本を集めはじめ、一通り揃ったところでいったん古本屋に行かなくなった。

「なんか満足しちゃったんですね。仕事も実は忙しかったし、その頃はモテたので、いわばリア充だったんです（笑）。本の世界に遊ぶ必要や時間がなかった」

しかし、三十代なかばで書物蔵さんは古本の世界に戻ってくる。

「仕事で理不尽なことがあって、一年間休職しました。リハビリのつもりで、古本屋や古書市に通うようになったら、やっぱり古本っていいなあと（笑）。ブログをはじめたのもこの頃です。文章を書いたことはなかったけど、「〜なのじゃ」とか顔文字とか使うと、これまでと違う気分で書きやすかった。マジメなことをおちゃらけて書いたり、大学の学問で取り上げないような不真面目なことをマジメに論じたりするようになりました」

古本屋で買うものも変わってきた。これまでの図書館学の概念に当てはまらないような資料を「仮性図書館本」と呼んで集めた。

「たとえば、戦時中、科学者の動員リストをカードでつくる際、「細かい主題で配列するのに国際十進分類法を使おう」と提唱した本を古書展で見つけたときは嬉しかったですね」

そして二〇〇八年、「図書館絵葉書」に出会う。といっても、そういう絵葉書のジャンルがあるのではなく、書物蔵さんが発見した概念だ。

「ヤフーオークションで戦前の図書館の絵葉書を見かけたことがきっかけです。戦前の図書館史で問題なのは、館内の様子が詳細に判る写真が見つからないこと。私はいまでいうレファレンス・カウンターの写真が見たかったのですが、どの資料にも載ってないんです。でも、絵葉書なら写っているものが見つかるんじゃないかと、雷に打たれたようにひらめきました」

ヤフオクで探し、古本市、骨董市をめぐり、絵葉書交換会にも入会した。そうやって集めた約三千枚のうち、図書館絵葉書にあたるのは半分ぐらい。意外にたくさんあるものだ。かつては公共的な建物の竣工などを記念して、絵葉書屋が写真を撮ってセットにして配ることがあった。たとえば、「山口県立山口図書館十周年記念」と題されたセットには、「外観」「書庫」「児童室」「婦人閲覧室」「巡回書庫」などの絵葉書がある。

「この婦人閲覧室に人がいるでしょう。どういう風に部屋の中が運用されたかが判るんです。それに、コロタイプ印刷なので拡大して見ることができます。この岡山名所の絵葉書では、風景の中に岡山市立図書館が小さく写り込んでいるでしょう。それに、橋を渡っている三輪車はかたちからいって当時の移動図書館車ですよ。たくさんの絵葉書を見ていると、こういう細かい発見が楽しい」

二〇一五年には念願だったレファレンス・カウンターが写った神戸市立図書館の絵葉書を入手し、「これまで誰も見たことのないものを見れちゃった」し、絵葉書出版の全体像がつかめたことで一段落したという。

「最近では、本を集めることよりも、集めた本を活用したいと思うようになりました。それには必要に応じてすぐ取り出せるようにしないと、持っていないのと同じですから」

なんとも耳に痛い言葉だ。いまでは、冒頭のように隣の一軒家を「古本研究所」として、本の整理にいそしんでいる。

「いまは集めることへのテンションは低いですね」と書物蔵さんは云うが、雑誌のジャンルの成立史や本棚の歴史など、その興味の範囲はむしろ広がっているようだ。書物史の裾野をめぐり、マジメと不真面目の間で遊ぶ書物蔵さんの「古本研究所」が、今後、どんな場所になっていくか楽しみだ。

書物蔵さんのもうひとつの夢は、「自分で描いたマンガで同人誌デビューすること」。テーマは古本ネタ以外、あり得ない。そのときの即売会には、きっと私も客として並ぶことだろう。

静かに書誌をつくりつづけるひと

矢《や》部《べ》登《のぼる》さん

五年前に田端に引っ越してきて驚いたのは、矢部登さんのご自宅がすぐ近くにあったことだ。

矢部さんとは文学同人誌『舢板《サンパン》』の集まりでお目にかかり、温厚な人柄に接した。好きな文学者の書誌をこつこつとつくっているという。私たちが不忍ブックストリートの活動をしている谷中・根津・千駄木とは歩いていける距離ということもあり、一箱古本市などのイベントに顔を出してくれた。

マンションが立ち並ぶ通りに、矢部さんの家はひっそりと静かにある。その前を通るたびに、矢部さんにふさわしい住まいだと感じていた。

そして二〇二〇年一月、この家を訪れて、矢部さんにお話を聞くことになった。

「うちは戦前からこの場所にありました。過去帳によると、父で七代目です。私は戦後に建てた家で、一九五〇年に生まれています」

父は公務員。兄弟は四人の姉と、矢部さんの下に弟の六人。一番上の姉は矢部さんより一回り以上うえで、その姉たちが買った日本文学全集が家にあった。赤い函が新潮社で、グリーンの函は河出書房だった。幼少時に読んだ絵本や童話はよく覚えていないという。

小学生のとき電気に興味を持ち、都バスで神田錦町にあった誠文堂新光社の分室(いまでいうアンテナショップか)に行って『子供の科学』を買ったり、都電で秋葉原に行って部品を買い、ラジオを組み立てたりした。高校一年生でアマチュア無線の免許を取ったが、開局するまでには至らなかった。

中学校のとき、学校帰りに田端の高台通りにあった〈石川書店〉の表にマンガ雑誌が積まれていたが、このときは買わなかったという。のちに通うようになったが、いい本が見つかる店だった。

「二十代のころ、ここでよく買ったし、また買ってもらいました。大きな紙袋に本を詰めて、坂を上っていったことを覚えています」

一間ほどの間口の昔ながらの構えで、私も好きな店だったが、数年前に閉店した。

高校は護国寺の日大豊山《ぶざん》高校で、卒業生には坂口安吾がいた。卒業後は日大法学部に進む。当時は大学闘争の名残りで休講が多く、ヒマな時間は白山通りや靖国通りの古本街を回った。無頼派の文学に興味を持ち、冬樹社から出た『坂口安吾全集』を端本で集めたり、織田作之助や石川淳の本を買った。

「一方で、幻想的な世界へのあこがれがありました。澁澤龍彦の単行本や『稲垣足穂大全』（現代思潮社）は造本が凝っていて欲しかったけれど、新刊では高いので古本屋で探しました。神保町よりも安いだろうと、池袋や本郷の古本屋に行きましたね」

大学卒業後は、電気関係の業界誌を経て、加除式法令集などを出していた大成出版社に入り、そこで定年まで三十五年間つとめた。

「会社は世田谷区羽根木にあったんですが、近くに中井英夫の家がありました。中井は田端生まれで、与楽寺の辺りに家があったことを知っていたので、縁を感じました」

二十六歳のとき、渋谷の〈旭屋書店〉のレジ横に、結城信一の『文化祭』（青娥書房）の署名本を見つけた。

「知らない著者でしたが、その本と目が合ったので買いました。読んでみると文章がよく、私の心臓の鼓動に合いました。その頃、これからどう生きるのかと焦っていたのですが、この本を読むことで心が静まりました」

結城に手紙を出すと、自分の著作を贈ってくれた。その中には『文化祭』の私家版もあった。それがきっかけで、結城信一の本を集めるようになった。

当時、神保町の古本屋で「結城信一の本はないか」と訊くと、「あるわけないじゃないか」と怒鳴られた。それぐらい珍しかった。それでも、こつこつと集めた。日暮里の〈鶉屋書店〉では、主人に結城が寄稿した『風報随筆』を教えてもらい、買った。

目録専門の〈青猫書房〉では、結城が個人的につくった『鶴の書』の特装版を買った。

「青猫書房の目録は、手書きで十枚ぐらいのものでしたが、説明文がすごく詳しくていろんなことを教えてもらいました」

池袋西口の〈芳林堂書店〉の上にあった〈高野書店〉の番頭とは、本を買ってもらってから親しくなり、結城信一が亡くなったあと、蔵書を買い取ったことを教えてもらった。その中から、結城が寄稿した雑誌を一山買っている。

「一九八四年に結城さんが亡くなったとき、自分なりに記録を残しておこうと思って、ある同人誌に追悼文を書きました。それを荒川洋治さんにお送りしたら、「本にしよう」と言ってくれて、荒川さんの出版社である紫陽社から『結城信一抄』を出しました。このときはじめて、結城さんの書誌をつくりました」

本書が出たことで、近代文学研究者の保昌正夫さんと知り合い、矢部さんは書誌づくりの面白さに目覚めていく。

「これまでに島村利正、中戸《なかと》川吉二《がわきちじ》、木版画家の清宮質文《せいみやなおぶみ》や、出版社の帖面舎、津軽一間舎の書誌をつくりました。書誌学の知識はないので自己流です。好きな作家の知りたいことを調べて書いていくという感じです。結城さんの掲載誌でひとつだけ判らないものがあるのが、長らく気になっています。書誌は現物が手に入らないと書けないですね」

書誌をつくるほどだから、本はきちんと整理されているだろうが、それでも「あるはずのものが見つからず、家じゅう探し回ることがよくあります」と笑う。スペースが限られているので、毎年千冊ほどは古本屋に処分するという。

矢部さんの場合、書誌づくりは小冊子を出すこととつながっている。

一九八八年に『結城信一「鎮魂曲」の前後』という六十八ページの冊子を百部ほど、軽印刷で発行したのが最初で、現在までに十五冊ほど出している。

「文学が好きな人に送って読んでもらっています。やっているうちに、次第に癖になりました。二〇〇九年からは「書肆なたや」を名乗っていますが、これは先祖が紺屋を営んでいたときの屋号です」

二〇一二年からは『田端抄』を発行。区画整理によって、子どもの頃から住む田端の風景がなくなったことから書いておこうと考えた。芥川龍之介、室生犀星ら田端文士村の作家をはじめ、田端にゆかりのある人々が、その著書や関連本とともに登場する。矢部さんの長年の蓄積が、存分に生かされているようだ。七冊で完結したのち、金沢の出版社・龜鳴屋から書籍として刊行された。ちなみに、私がいま住んでいる部屋の辺りに村山槐多が下宿していたことも、同書で知った。

「いまは続編として、『田端人』を出しています。その別冊をつくっているところで、春には出したいと思っています」

神保町や早稲田でよく行っていた古本屋が姿を消したのは寂しいが、東京古書会館の即売会にはいまでも足を運ぶ。

「先日は『アサヒグラフ』の明治大正名作展号に、田端に住んでいた池田蕉園という日本画家の作品が入っているのを見つけました。眺めていると、向うからふっと現れることがあるんですね。何気なく手に取った本が、いま知りたいことにつながっているというのは不思議です。そのためには、いつも自分なりのテーマを持っていたいです」と、矢部さんは云う。

好きな作家や愛する故郷に関する本を集め、調べて、書誌をつくったり、文章を書く。それを長年マイペースでつづけている矢部さんに、畏敬の念を抱く。

噴水の歴史に魅せられたひと

松﨑《まつざき》貴之《たかゆき》さん

世の中には、普通の人の目に入っていながら見過ごされているものがある。そういったものに執着し、調べたり集めたりするのがマニアという存在だ。今回紹介する松﨑貴之さんは、「噴水」に関する資料を集めている人である。二〇一九年一月、松﨑さんに会って話を聞いた。

一九七九年に長崎市に生まれる。父は長崎駅近くで酒屋を営んでおり、店内の立ち飲みスペースには多くの客が入りびたっていた。

「ぼくが子どもの頃はまだ三公社（専売公社、電電公社、国鉄）の時代で、そこの職員がよく来ていました。店のお客さんによく遊んでもらいました」

祖母と両親と妹の五人家族。亡くなっていた祖父、それに母も父も本好きで、家の中には本がたくさんあった。当時全盛だったファミコンはなかなか買ってもらえなかったが、本なら買ってくれるので、近所の〈メトロ書店〉によく行っていた。

小学四年生で、地方に残る珍説・奇説を集めた『歴史読本』の増刊号を買い、歴史に興味を持つ。長崎は少し歩くと古いものがいくらでもあるので、見て回った。

「石碑をインスタントカメラで撮影して、その写真や郷土史からのコピーをルーズリーフに貼り、数ページのコピー本をつくっていました。『カステラの由来』とか。それを店のお客さんに五十円で売りつけた。三、四号は出したかな。もちろん友だちには判ってもらえませんでした（笑）」

小学六年生のとき、クイズにハマる。一九九一年に長崎で日本テレビ系の放映が開始され、そこではじめて『アメリカ横断ウルトラクイズ』を観た。番組のクイズ本を買うにとどまらず、公務員試験の本をもとに自分で問題をつくるようになった。「新鮮な遊びでしたね。自分が調べることが好きなんだと気づきました」と元少年は当時を振り返る。

高校一年のとき、『高校生クイズ』に出るも、予選で落ちる。しかし、クイズ熱はおさまらず、東京大学に入ると、クイズ研究会（クイ研）に属した。

東京では大きな書店があり、どこでも本が買えることに興奮した。住んでいた自由が丘には〈西村文生堂〉〈東京書房〉の二軒の古本屋があり、毎日のように通っては歴史やサブカルチャーの本を買った。

クイ研のメンバーも本好きで、面白い本を教えてもらった。

「当時のクイ研は、クイズ大会に出場するヤツより、面白い問題をつくるヤツの方がえらいという風潮がありました。誰がどんな話題を振っても、かならず乗っかってくれる人ばかりなので、毎日が楽しかったです。後輩の結婚式では二次会がクイズ大会で、新郎が新婦をほっといて出場してました（笑）」

二年留年するが、最後の年に聴いた美術史家の木下直之教授の授業が、その後の松崎さんに決定的な影響を与えた。

「日比谷公園にあるものから、何かを取り上げてレポートをするという課題があって、ぼくは鶴の噴水を選んだんです。子どもの頃からなんとなく噴水を見るのが好きでした」

日比谷公園は一九〇三年（明治三十六）に開園するが、その二年前の新聞記事に「蝦蟇仙人の噴水ができる」という予告を見つけた。

「これはなんだ！　と驚きましたね。その時は調べきれず、レポートも出せませんでしたが、あとになって中国の仙人だと判りました」

卒業後、就職してしばらくして、ヤフーオークションを見ていたら、噴水の絵葉書を見つけた。気になって、「噴水」で検索するとぞろぞろ見つかった。社会人になり、自分の金が使えるようになったこともあり、片っ端から買った。ヤフオクで買いつくすと、古本市や骨董市に通う。絵葉書を扱う店に名刺を渡し、「噴水ものがあったら取っておいてください」と頼んだ。噴水だけの絵葉書の束をのけておいてくれた店もあるという。これまでに集まった噴水の絵葉書は約五千枚。

そして、集まってきた絵葉書がいつ撮影されたものか、手さぐりで調べはじめた。キャプションと一緒に写っている建物がわずかな手がかりだ。国会図書館で、明治から昭和の読売新聞のCD－ROMを検索して、噴水に関する記事を一件ずつ調べた。噴水の歴史に関しては唯一、佐藤昌『噴水史研究』（環境緑化新聞社）という本があるが、そこに書かれていないことが多かった。

「二〇一〇年から「ずっと噴水が好きだった」というブログをはじめ、調べて判ったことを書いていきました。それを見たテレビ局から依頼され、噴水をテーマにした番組にも出演しました。調べると知らないことが次々に出てきて、それについての資料を古本屋で探し、そこで入手した本をもとに図書館で調べるというように、探し物のアンテナにしたがってぐるぐる回って隙間を埋めていくということを繰り返しています。欠けていたピースがピタッと埋まったときは快感ですね。調べ物についてはクイ研時代の経験が生きていて、ウラをとることの大切さを実感しています」

のちにTwitterをはじめ、生人形の研究家である伊藤加奈子さんや観覧車を研究している福井優子さんらと知り合いになった。恩師である木下直之さんの研究会にも参加する。噴水は建築、美術、企業史などさまざまなジャンルにまたがるので、調べていくうちにいろんな方向に興味が飛び火していくのだと、松崎さんは笑う。

「いまは戦後のキャバレーに設けられた噴水のことを調べています。昭和三十年代の〈ミカド〉のパンフレットには、ロビーやステージにあった噴水が載っています。また、当時はキャバレーを回るバスツアーもあり、バス会社のパンフレットにキャバレーの噴水が見つかることもあるんです。それらの噴水はドイツのキャバレーを参考につくられたもので、今度は海外のパンフレットも探しています」

そうやって調べていくうちに、噴水とは直接関係ないヘンなネタも集まってくる。

「上野の西郷隆盛像に紙くずが貼りついている絵葉書を見つけて調べてみると、昭和二十年代の新聞小説に、西郷像に紙をぶつけると英雄にあやかれるということが書かれていました。これは仁王像への信仰と関係があったのではないかと考えています。ところが、浅草寺にある社会事業家の瓜生岩子の像が紙くずまみれになっている絵葉書も見つけたんです。こちらは裁縫がうまくなると云われていたそうです。仁王像とは関係なさそうですが（笑）」

平日は会社勤務のため、土曜日は朝から国会図書館に行き調べ物をしたり、神保町の古本屋を巡ったりするのが楽しいと松崎さんは云う。

ちなみに、最近できた噴水のことも調べているのだろうか？

「いや、そっちはあんまり詳しいわけじゃないですね。旅行で行ったら立ち寄るぐらいです。僕は時間が経って鮮度が落ちて、歴史の範囲に収まったぐらいの対象が好きみたいです」

そう謙遜するが、それでも一通りの知識や見聞はあるに違いない。いろんな方向に興味が飛び火していく一方で、本拠地である噴水については発言する範囲を明確にするというのが、噴水史マニアたる松崎さんの真骨頂なのだろう。

このひとが書いた噴水史の本は、絶対面白いに違いない。それが世に出るのを楽しみに待とう。

「本のすき間」を探るひと

神保町《じんぼうちょう》のオタさん

この連載をはじめる前、もしこの人に出てもらえたら……と最初に思い浮かべたのが、「神保町のオタ」さんだった。まったく知らない人なのに、ブログやTwitter上では十年以上前からやり取りがある。以前は「ジュンク堂書店日記」、現在（二〇一九）は「神保町系オタオタ日記」と題するブログでは、はじめて聞く人名や書名のオンパレード。著名な作家についても、古本屋や即売会で拾った思いもかけない資料を持ち出して、新鮮な角度で攻めてくる。

　これだけ活発に発信しているのに、この人の個人的なことは一切判らない。関西在住らしいが、頻繁に東京に来ているようでもある。あまりに謎なので、私は一時「オタさん架空説」を唱えていた。オタさんは実在せず、彼と最もネット上でやりとりのある書物蔵さん（一三七ページ）の変名だという見解だ。そのやり取りも自作自演……。「なんでそんなこと、わざわざするんですか?」という知人のもっともな疑問にも、「あの人（書物蔵さん）ならやりかねないから」と答えた失礼な私だ。

神保町のオタさん、その人についに対面したのは、二〇一六年の大阪だった。森之宮で開催された一箱古本市に出店したとき、同じ敷地でやっていた古書即売会でばったり書物蔵さんに会った。そのとき、「この人がオタさんです」と紹介されたのだ。二人並んでいたことで、私の妄想は粉砕された。ただ、二人の風貌にはかなり共通するものがあった（まだ云うか）。

「実は、書物蔵さんにはじめて会ったのもその一年前なんです。千代田図書館で「古書目録のココが好き」という展示がありましたよね。その関連の、かわじもとたかさん（一三一ページ）、国会図書館の鈴木宏宗さんと南陀楼さんが出るトークを見に行ったんです。このとき、会場で書物蔵さんにある本を渡す約束をしていたんですが、なんだか会う勇気がなくて黙って帰りました。その翌日、あらためて高円寺の西部古書会館で待ち合わせて、会ったんです」とオタさんは云う。

オタさんの住む京都でも面が割れていなかったらしく、〈古書善行堂〉のブログでは「桂のKさん」として登場しながら、店主の山本善行さんがその人がオタさんだと気づいたのは、だいぶ後だったらしい。

だから、オタさんが謎の存在だと思っていたのは、私だけではなかったのだ。

神保町のオタさんは一九五九年、福島県只見町に生まれた。父はダムの建築に携わっていた。二歳で、父の転勤により静岡県清水市（現・静岡市清水区）に住み、ここで十八歳まで暮らす。四つ上の兄がいたため、家には子ども向けの世界文学全集があった。小学生になるとそれを引っ張り出して読んだ。

「『小公子』がとくにお気に入りでした。主人公のセドリックは寡黙で上品さがあり、「こういう人になりたい」と思いました。私の最初の憧れの人です」

その一方、テレビっ子であり、『スーパージェッター』『宇宙少年ソラン』『怪奇大作戦』などを観まくった。クリスマスに、枕元に『鉄人28号』のアニメ絵本が置かれていたときは嬉しかったという。

小学校では学校の図書室で、講談社や岩崎書店のSFシリーズ、ポプラ社の江戸川乱歩、ルパン、ホームズを読んだ。「講談社から出た『見えない生物バイトン』（エリック・F・ラッセル）が好きでした」。また、当時は清水市に貸本屋が何軒かあり、父が時代小説や推理小説を借りるのに、一緒に行っていた。

「古本屋にも父に連れられて行きました。〈山一書店〉といって、雑誌やエロ本の多い店でした。大人になってから、ここで知切光歳の『天狗考』上巻を買いました。下巻が刊行されなかったものです」

また、静岡市の浅間神社の参道にある〈するが書房〉は、正月から店を開けるので、ここでマンガを買うのが楽しみだった。のちに、実はこの店に幻想文学がよく揃っていることを知る。

新刊書店では〈戸田書店〉に通った。のちに全国展開するが、発祥は清水なのだ。三階建てで、ギャラリーを併設し、清水の文化の発信地だった。オタさんはここで、運命的な出会いをする。

「創元推理文庫で出た、エドガー・ライス・バローズの『火星のプリンセス』を買ったんです。武部本一郎の表紙イラストに惹かれました。ヒロインのデジャー・ソリスが、私の初恋の人です。それで一気にスペース・オペラにハマりました。中学生の頃には、『宇宙英雄ペリー・ローダン』シリーズのファンクラブの創設メンバーになったほどです。当時は「マルペ」と呼ばれて、いまのオタク的な存在でしたね。会報も出ていました」

また、中学三年で半村良のファンクラブ（半村良のお客になる会）に入り、機関誌に投稿が載ったことも。

「『SFマガジン』は中学から読んでいたし、『奇想天外』も新人賞に投稿しようとしたことがあります（笑）。新刊書店の〈谷島屋書店〉にはハヤカワ・SF・シリーズが並んでいて、よく買いました。あの銀背が新刊なのに古本っぽくて好きでした」

そうやって、中学、高校とSFにまみれて過ごすのであった。

一九七八年、オタさんは京都大学に入り、京都で下宿生活をはじめる。

「入学してすぐに、UFO《ユーエフオー》超心理研究会に入りました。小学生の頃は考古学者になりたくて、デニケンの古代史ものを読みました。大学の頃に『ムー』が創刊されましたが、最初は子どもっぽい誌面だったので無視していましたね。この研究会にいた、のちに宗教学者になる吉永進一さんが高校の先輩で、いろいろ教えてもらいました。大阪の〈天牛書店〉やデパートの即売会にも連れていかれました。あれが、古本屋への本格的な目覚めでした」

UFO超心理研究会は、大文字山でUFOの観測会も行なった。また、『宇宙波動』という機関誌を出しており、オタさんはそこに人類学者の鳥居龍蔵以降の異端考古学の系譜をたどる記事を書いた。

一方で、SF熱もつづいていた。当時は筒井康隆が唱えた「SFの浸透と拡散」にあたる時期で、映画『スター・ウォーズ』やアニメ『機動戦士ガンダム』があり、少女マンガでは萩尾望都らがSF的作品を描いた。サンリオSF文庫で次々に未訳の作品が出たこともあり、「新刊を追いかけるだけでも忙しかった」とオタさんは笑う。この辺の感じは、まだ中学生だった私にもよく判る。

「京大のSF研究会にも入って、機関誌もつくっていました。ぼくたちがつくったのは『よい子の宇宙人』というタイトルです。SF大会にも参加しましたよ。もっとも、一年で退会しましたが。また、幻想文学研究会に入り、そこでのちに英文学者になる横山茂雄さんと読書会をやったりした。横山さんは稲生平太郎の筆名で幻想小説も書いています」

さらに、吉永さん、横山さんとオタさんでオカルト研究団体「近代ピラミッド協会」を結成。機関誌『ピラミッドの友』を発行し、オタさんは日本における巨石遺跡研究史を書いている。この頃から、研究史や学者の系譜に関心を向けているところは、オタさんらしい。

「授業よりもサークル活動に熱心でしたね」とオタさんは笑うが、ゼミで教わったマックス・ヴェーバー研究者の教授もオカルトへの理解が深かったというから、もはや、すべてがオカルト尽くしなのだ。なんと怪しくも豊饒な大学生活なことか！

オタさんはなぜ、そこまでオカルトにのめり込んだのだろうか？

「考古学もそうですが、失われたものや不思議なものを再生・復元したいという願望があったからです。タイトルに「謎」とか「不思議」とか「秘密」が付く本ばかり読んで、父に「もっと現実的な本を読んだらどうだ」とよく怒られました」

授業よりも超能力やUFOのサークル活動に夢中だったという「神保町のオタ」さんは、大学卒業後、京都で就職する。入社してしばらくは忙しかったことから、SF関係からは離れていたという。

「それでも、栗本薫の『グイン・サーガ』シリーズは読みつづけていましたね。ヒロイック・ファンタジーが好きなんです」

オタさんが本格的に古本屋通いをはじめたのは、三十代に入った頃だった。当時、神保町には『SFマガジン』のバックナンバーを揃えている古本屋があり、上京するたびに買いに行ったという。その際、すずらん通りにあった〈書肆アクセス〉に入った。地方・小出版流通センターが直営する書店で、地方出版やミニコミを扱っていた（二〇〇七年に閉店）。ここで古本好きのための雑誌『彷書月刊』を見つける。毎号、ユニークな特集を組んでいた。

「私が買ったのは、『サンカの本・その世界』という特集の号でした（一九九〇年九月号）。

それから毎月買うようになり、後ろのページに載っている古書目録を眺めていました。そこから、老舗の『日本古書通信』の存在を知り、そちらも購読するようになったんです」

それがきっかけで、オタさんの古本屋めぐりがはじまった。出張で地方に行く際に、『全国古本屋地図』の該当ページを切り取って持っていき、その地の古本屋を回った。

「札幌の〈弘南堂書店〉、神保町の〈叢文閣書店〉、熊本の〈舒文堂河島書店〉のように、地方文献や民俗学関係を扱っている古本屋が好きでしたね。明治期の移民、キリスト教、開拓などに興味があったし、事物起源の本も好きでした」

地元である京都ではどうだったか。

「私の在学中、京大の周辺には十数店の古本屋がありましたが、当時はあまり行っていませんでした。その頃の自分に古本屋、特に均一台の重要性を教えてやりたかったです(笑)。それらの店に通うようになって、未整理の山から『アメージング・ストーリーズ日本語版』(誠文堂新光社)を一冊数百円で拾い出したりしました。学生の時に、知恩寺で開かれる秋の古本まつりにも行きましたが、まだ視野が狭かったようであまり買えませんでした。均一台も「どうせろくなものはないだろう」と素通りしていました。その面白さを知ったのは、岡崎武志さんや山本善行さんのエッセイからで、だいぶ後になります」

さまざまな書誌を扱う東京の〈早川図書〉の目録を入手し、『新渡戸稲造文庫目録』（北海道大学）も買った。掲載されている本のデータを読むだけで楽しかったという。

オタさんは、本を読むときには真っ先にあとがきと参考文献を読む。そこで知った本を古本屋で見つけ、また参考文献から新しい本を見つける……というように、いもづる式に興味の範囲が広がっていった。

二〇〇五年一月、オタさんはブログ「ジュンク堂書店日記」を開始する。

「このジュンク堂は神戸・三宮のサンパル店のことですね。専門書が充実していて、かなり買い込んだ記憶があります。当時もいまも、ネットでは本は買わず、店舗で買っています。古本は「日本の古本屋」でときどき買っていますが」

ブログをはじめたのは、当時、『電車男』などネット発信の書籍化がはやっていたので、自分もやってみようと思ったからだと、オタさんは云う。

最初はタイトル通り、ジュンク堂の思い出や新刊の紹介を書いていたが、書物蔵さん（当時は書物奉行）がコメントを書き込むようになると、読者の目を意識して次第にマニアックな方向に踏み込んでいった。

「たとえば、文学者の日記を読んでいると、文学とは畑違いの何者か判らないけったいな人が出てきます。その人の経歴を調べて、ブログで紹介しました。その分野の研究者の目が届いていないだろう資料を見つけるのが、好きなんですよね。個人全集の別巻や日記篇を読んでいると、そういうネタが拾えるんです」

同じ年の十二月には、はてなダイアリーに移行し、「神保町系オタオタ日記」と改名。「アキバ系がはやっていたので対抗しました（笑）。このタイトルのせいで、東京に住んでいると思っている人が多かったです」

びっくりしたのは、元の「ジュンク堂書店日記」も翌年一杯は頻繁に更新されていることだ。どこから、その熱意が生まれるのか？

「本と本の間に挟まっている片々たる冊子が好きなんです。人が見ないもの、ひっそりと埋もれているものを探したい」とオタさんは云う。「本のすき間」を探ることに情熱を傾けているのだ。

初期の「オタオタ日記」に出てくる固有名詞を拾ってみる。櫻澤如一、藤澤親雄、鈴木庫三、スタール、島田翰、朝倉無声、木呂子斗鬼次……。知らない名前のオンパレードだ。著名人でもかならず意外な角度から攻めてくるので、読み落とせない。

「このブログを通して黒岩比佐子さん、小谷野敦さん、佐藤卓己さんらと知り合うことができました。彼らの著書や論文に引用されたり、参考文献として挙げてもらったりしました。もっとも、小谷野さんは匿名を否定しているので、『久米正雄伝』で参考にしつつも「名前は出せない」と云われましたが」

その後、母が亡くなり、父の看病をしていたため、半年ほど休んだ時期はあるが、現在までブログをつづけている。

そんなオタさんだが、「私は蒐集分野とか探究書などはべつにないんですよ」と笑う。「知らない本に出会うために古本屋に行っているだけで。だから、古本屋通いに終わりはないんです」

その場にこの数年で手に入れた古本をいくつか持ってきていただいたが、たしかに、見事にジャンルがバラバラだ。

『百人一趣』上・下（一九四六）は、名古屋で『土の香』という民俗雑誌を発行していた土俗趣味社から出たもので、斎藤昌三、中山太郎、尾崎久弥、宮尾しげをらが寄稿している。

「巻頭の柳田國男の文章は、筑摩書房の定本全集に入っていますが、出典や発行年月が間違っています。下巻に『古本販売目録に就いて』を書いている呉峯生は、約四千冊の古書目録を集めたコレクターです」

先日、大阪の〈文庫櫂〉で見つけたという城市郎『発禁本・秘本・珍本』（河出i文庫）

は、著者旧蔵本で本人の書き込みがある。また、知恩寺の古本まつりの均一台で手に入れた同人誌『新人壇』（一九六〇）には阿部昭や実相寺昭雄が書いている。先週の大阪古書会館の即売展では『Waseda Mystery』創刊号を買っている。

最近では書籍よりも紙モノに重点が移り、図書館に所蔵されていない非売品の小冊子や絵葉書に手が伸びるという。ますます「すき間」へと入り込んでいるわけだ。

「絵葉書は裏面の絵柄が注目されやすいですが、表面の宛名面には面白い人の名前が見つかることがあります。小山展司から山名文夫への絵葉書を入手したんですが、小山はデザイナーで森山大道が教わった人らしいですね。人と逆のところに注目すると、面白い発見があるんです」

オタさんが住んでいる家は木造で、本は二階に置いている。床が抜けないように分散して置くため、本棚がほとんどなく、床に積むか段ボール箱に入れている。紙モノは紛れ込みやすいので、カンで探しているそうだ。そのテーマに興味がなくなると、古本屋で処分する。

「SFや歴史の本はずいぶん売ってしまいましたね。硬めなものは〈書砦・梁山泊〉、やわらかめなものは古書善行堂に引き取ってもらうことが多いです」

オタさんは地道に集めて、調べたことを、惜しげもなくブログで書く。

「自分で本を書こうという気持ちはないんですか?」と訊くと、「私はブログで充分です」と答える。本の「すき間」にあるものを見つけたら、あとはご自由に使ってくださいということだろうか。私自身も何度もこのブログに助けられている。

「神保町系オタオタ日記」には「自称「人間グーグル」」のサブタイトルがある。

「善行堂で買ったスエデンボルグ著、鈴木大拙訳の『天界と地獄』に、英文の書き込みがありました。それによると、アメリカ人の牧師から Kusuichi Ono に贈られたものでした。この人物が気になったのですが、どうやって調べたらいいか判りませんでした。ところが、グーグルブックスで検索するとヒットし、東洋電機製造の技手、小野楠一だと判明したんです。会社からイギリスに派遣されたのですが、日本に帰ってから亡くなったようです。これじゃあ、人間グーグルもお役御免ですかね」

そう笑うオタさんだが、そもそもオタさんがこの本を買って書き込みに注目したから、この結果が得られたのだ。いくらネットの大海に膨大な情報が漂っていても、知識と興味と情熱を持つ人間がいなければ、何も生まれない。

オタさんにはもうしばらく、「人間グーグル」として働いてもらいたい。私たちに役に立つことも、まったく役に立たないこともたくさん教えてもらいたいからだ。

理想の本を追い求めるひと

小野《おの》高裕《たかひろ》さん

『舢板《サンパン》』という雑誌があった。

エディトリアルデザイナーの松本八郎さんが社主のＥＤＩが発行する雑誌で、一九八三年四月に創刊。誌名の「サンパン」とは、中国や東南アジアの沿岸を行き交う小舟のことだ。小舟のようなこの小雑誌で紹介されるのは、文学史や出版史の片隅に埋もれてしまったような文学者や出版社の足跡だった。

私は第Ⅲ期がはじまった二〇〇二年に、同誌で「早稲田古本屋店番日記」を連載していた〈古書現世〉の向井透史さんに連れられて、面影橋にあったＥＤＩの事務所を訪ねた。そして、私も松本さんも敬愛している作家である小沢信男さんの聞き書きを連載することになった（第三号～第十三号「〈聞き書き〉作家・小沢信男一代記」）。

同誌は半同人誌制を取っており、執筆者はページ割で発行費を負担していたはずだが、私はそれを免除されていたと思う。いや、支払っていたのか？　もう二十年近く前で覚えていない。同人は仲が良く、松本さんを囲んでお茶会みたいなこともやった。そのときお会いしたのが、矢部登さんだった（一四三ページ）。

松本さんは私も所属している書物同人誌『sumus』のメンバーであり、『サンパン』には同誌メンバーの林哲夫さんが連載したり、他のメンバーもよく寄稿していたので、兄弟雑誌みたいな関係だった。思えばその頃は、よく会って飽きることなく本の話をしたものだ。

『サンパン』は二〇〇八年の第十四号を最後に休刊し、松本さんも私たちの前から姿を消す。そして、二〇一四年に亡くなった。

だから、新潟市の新刊書店〈北書店〉で「私も『サンパン』に書いていたんですよ」と声をかけられたときには、びっくりした。三年ほど前、トークイベントの打ち上げだったと思う。

関西弁の男性で、小野高裕さんとおっしゃる。その名前は聞き覚えないけど……と思ったら、島良作というペンネームで「独逸古書日記」を連載していたとのこと。たしかに、ドイツの古書店をめぐって洋書を買いまくる話を書いていた人がいた。「島良作は大学のとき、イラスト漫画研究会で同人誌を出していたときのペンネームです」と小野さん。

あとで書くように、小野さんは五年ほど前から新潟で暮らしている。その後、いろんな機会に顔を合わせるようになった。昨年（二〇一九）は、新潟のアイドルグループ「RYUTist」のライブを北海道の西興部《おこっぺ》村まで見に行った際、小野さんの友人の車に札幌まで同乗させてもらった。

前置きが長くなったが、昨年の年末、小野さんに話を伺うことにした。場所は新潟市の西大畑にあるマンションの一室。西大畑は日本海が近く、坂口安吾が少年時代を過ごした地域で、いまでもゆるやかに文化的な雰囲気が漂う。

「ここにある本は五百冊ぐらいですね。大阪の家から読もうと思って持ってきた本と新潟に来てから買った本が半々ぐらいです。単身赴任で新潟に来てから、はじめて書斎を持つことができて嬉しいです」と小野さんは笑う。

一九五七年、兵庫県の芦屋に生まれる。自宅は大正時代の長屋で、大阪から避暑に来る人のための借家だったという。父は歯科医師で、診療所は自宅の前庭にあった。

家族は両親と双子の弟、父方の祖父母の七人暮らし。家には本はあまりなく、小さな本棚には、俳句をたしなむ祖父が買った正岡子規の本などがあった。また、信州大学の学生の回想記『ルリ子に寄する　十代への訣別のときに』（手塚哲、葦出版社）を父に勧められて読み、甘い恋にキュンとしたという。

記憶に残る最初の本は、仏教説話の絵本。仏教系の幼稚園に通っていたため、読まされたという。インドの説話を描いた『ジャータカ絵本』を覚えている。

小学生のときは病気がちで、学校を休むと祖父が本を買ってきてくれた。後藤竜二『天使で大地はいっぱいだ』（講談社）やC・S・ルイス『ナルニア国ものがたり』などを布団の中で読んだという。学校の図書室では、クイーンやクリスティーなどミステリのジュブナイルを読んだ。

父がマンガ好きだったので、『少年サンデー』は定期購読していた。「毎週買ってもらえるのが当時としてはぜいたくで、友だちにも貸していました。待合室にはマンガがけっこうありましたね。一九六九年に出た小学館の『手塚治虫全集』の『ジャングル大帝』を読んで、同じ作品でも版によって違うことに気づきました」

小学四、五年生の時には自分でもマンガを描いて、同級生に見せた。その後も描きつづけ、歯科医師になるために進んだ広島大学ではイラスト漫画研究会に入る。後輩に『この世界の片隅に』のこうの史代がいた。自分の作品の原稿や、好きなマンガの連載をスクラップして、梅田の〈紀伊國屋書店〉にあった製本工房に発注して一冊だけの本をつくるほど、マンガに入れ込んでいた。

本屋は近所に貸本兼業の小さな店があったが、中学生になると梅田の紀伊國屋や〈旭屋書店〉などの大型書店に通い、一、二時間過ごしていた。

ミステリ熱に火が点き、創元推理文庫や角川文庫でミステリを買い、その奥付に通し番号を振って、ノートに感想を書き込んだ。

「そのノートを毎週、現国の先生に見せていましたが、「もうちょっとマトモな本を読みなさい」とよく云われました（笑）」

紀伊國屋には、早川書房のポケットミステリ（ポケミス）の品切れタイトルが、定価で買えるコーナーがあった。そこから絶版ミステリを探すために、大阪駅前第一ビルの一階に数軒あった古本屋に通うようになった。

高校に入学した頃には現代文学に関心が移り、遠藤周作や辻邦生などを読む。好きな作家の初版本や特装本が気になって、母親にせがんで買ってもらうこともあった。美しい本への傾斜は止まらず、大学に入ってからも帰省するたびに大阪や神戸の書店に足を運んで、美本の入ったケースを眺めていた。

「当時、三宮の地下街の〈コーベブックス〉には限定本のコーナーがあって、その担当の女性に本を見せてもらいました。顔にあざがあって、どこか陰のあるひとでした。奢《さ》灞都館《ばとやかた》が出したジョルジュ・バタイユの『眼球譚』や、画家の戸田勝久さんが卒業制作として出した私刊限定本『郵便飛行士』などもありました」

そんな頃、母から「文学好きなのはいいけれど、お父さんみたいになったらあかんよ。出版なんかに手ぇ出して家つぶしたんやから」と諭される。それではじめて、母方の祖父・河中作造が戦前に大阪にあった出版社「プラトン社」の副社長だったと知る。河中は母が結婚する前にすでに亡くなっており、家にはプラトン社の本は一冊もなかった。

プラトン社は一九二二年（大正十一）、大阪に設立。『女性』『苦楽』などの雑誌を発行した。前者には小山内薫が、後者には直木三十五や川口松太郎が編集に関わり、山六郎、山名文夫らがデザインを担当した。

「大阪球場の中に古本屋街があって、そこではじめて『女性』を見つけました。母に見せたら懐かしがっていました。その後、古本屋で見つけると買うようになりました」

同誌の記事からは、当時のハイカラで上質な趣味の生活文化が伝わってきた。小野さんには、もうひとつのこだわりがあった。生まれ育った芦屋という街の成り立ちへの興味が湧き、昔の地図を頼りに開発の跡をたどったり、古い住人への聞き書きを行なったりした。そこで芦屋というブランドイメージの根源になった、一九二〇〜三〇年代の生活文化としてのモダニズム、個人のこだわりの深さと幅広さを知る。

「プラトン社の出版物には個人のテイストや趣味が横溢していて、祖父に対して「ええ遊びしとるなあ」と思いました（笑）。私の中にも近い部分があるから、そのために苦労させられた母には申し訳ないけど、大いに共感しました」

小野さんは広島大学の歯学部を卒業後、大阪大学に勤務する。結婚して芦屋に住んでいたが、一九九五年の阪神・淡路大震災でマンションが全壊した。

「本を拾い集めて、四トントラックで避難しました。大学の同僚が手伝ってくれたんですが、大量の本を運ばされるので怒ってましたね」と苦笑する。そして、一九九六年に日本出版学会から依頼されたプラトン社についての報告が編集者・高橋輝次氏の目にとまり、二〇〇〇年に西村美香・明尾圭造との共著で『モダニズム出版社の光芒　プラトン社の一九二〇年代』（淡交社）を刊行するにいたる。

その後、箕面に住んで大阪大学に勤めていたが、結局、父の診療所は継がなかった。そして、新潟大学に教授として赴任することになった。

「五十代後半で生活が大きく変わりました。でも、新潟には〈北書店〉があるし、〈Fish on〉や〈古本もやい〉という古本屋もあります。Fish on で買った『This is Japan』（朝日新聞社）は日本の産業と文化を海外に紹介する目的で一九五八年に出されたもので、タイトルを焼印した立派な木の箱に入っています。広告がたくさん入っているので、当時のデザインのレベルが判ります」

最近集めているのは、大阪で一九三〇年代後半に発行されていた『近代人』（近代人社）という雑誌だ。「当時のキャバレー、映画、音楽、美術シーンの生の情報が詰まっていて、貴重です。あまり知られていない雑誌なので、調べる価値があります」

できるだけ、ネット古書店や古書目録ではなく、古本屋で現物を手に取って買いたい。そして、ネットの情報や図書館に頼るのではなく、実際に手に入れた本を一次資料として研究したいと、小野さんは云う。

この先、新潟と大阪のどちらに住むのかは決まっていないが、「これまで集めてきた本を一か所に並べて、晩年を過ごせたら幸せですね。本棚にはそれまでの自分が詰まっていると思うんです」と云う。

いまやりたいことは、一九三〇年代に『芦屋夫人』など阪神間を舞台にした小説を多く書いた丸尾長顕の作品集をまとめること。「それを私の理想の装丁で出すことができたら、最高ですね」。夢見るように語る小野さんは、たしかに、出版の理想を貫いた祖父のDNAを受け継いでいるのだ。

「龍膽寺雄」を掘り起こすひと

鈴木《すずき》裕人《ひろと》さん

　ある日、見知らぬ人から一冊の本が送られてきた。鈴木裕人『龍膽寺雄《りゅうたんじゆう》の本』と題する同書はＡ５判・二百三十ページで、龍膽寺雄の短篇と随筆に加えて、同時代に吉田謙吉と妻である龍膽寺魔子が書いた龍膽寺評、長男の橋詰光氏の回想などが収録されている。本人の肖像や資料のカラー写真も入っている。表紙の絵を描いているのは、漫画家の山川直人さんだ。

　龍膽寺雄（一九〇一〜九二）は、一九二八年（昭和三）に雑誌『改造』の懸賞小説に『放浪時代』で入選。モダニズム文学の寵児となるが、いまではその作品は忘れられている。むしろ、サボテン研究家としてのほうが知られているだろう。私も名前を知っている程度だったが、今年（二〇二〇）、平凡社の「STANDARD BOOKS」で『龍膽寺雄　焼夷弾を浴びたシャボテン』が出て、ちょっと興味を持っていた。

『龍膽寺雄の本』には鈴木氏による「龍膽寺雄の読み方・読まれ方」という文章があって、同時代の文壇における龍膽寺の立場が判って興味深い。圧巻なのは、三十ページにわたる「龍膽寺雄作品目録」で、小説から随筆、アンケートまで詳細に拾っている。

こんな本をつくった人は何者だろう？　プロフィールが入っていないので、年齢も判らない。これは会ってみるしかない。奥付の住所にある名古屋まで行くつもりだったが、鈴木さんのほうから東京に出向いてくださることになった。

数日後、神保町の〈東京堂書店〉で声をかけてきた鈴木裕人さんは、細面の青年だった。年齢を聞くと二十九歳。なんと一九九一年、平成三年生まれなのだった。

「この本は二百部つくりました。デザインは姉（鈴木愛未さん）に頼み、表紙や奥付の検印紙を貼るのは手作業でした。思いのほか多くの注文をいただいたので、嬉しい悲鳴をあげています」と鈴木さんは笑う。同書はその後完売した。

生まれたのは静岡県袋井市。父は和食の料理人である。母は本好きで、鈴木さんが幼稚園の頃から車で十分ほどの市立図書館に連れていき、絵本を借りていた。小学生になると自転車で図書館に通った。

「記憶に残る最初に読んだ本は、ボーデンブルクの『ちびっこ吸血鬼』シリーズですね。

図書館で借りて読んだのですが、気に入ってあとで買ってもらいました。段ボールで棺桶をつくって、そこに入って遊んだりしました（笑）」

このほか、『大どろぼうホッツェンプロッツ』シリーズやマーク・トウェイン『ハックルベリー・フィンの冒険』、アストリッド・リンドグレーン『長くつ下のピッピ』シリーズやジュール・ヴェルヌなどが好きだった。

「冒険への憧れがあったみたいですね。父はあまり本を読まないのですが、子どもを寝かしつけるのにデタラメなお話をしてくれるんです。そこでも冒険の話をせがんでいました」

現実の鈴木少年は幼稚園に行きたくなくて、途中で別の園に移っている。小学校も嫌いで、授業中に本を読んで怒られたり、仮病で休んで本を読んでいたという。

その後、私立の中高一貫校に進学。中学では剣道部、高校では弓道部に属する。部活で忙しく、あまり本を読まなくなった。むしろ映画をよく観た。

「テスト期間は部活が休みで、そのときにはわりと本を読みました。ロバート・ウェストールの『〝機関銃要塞〟の少年たち』は重い話ですが、好きでした」

二〇一〇年、愛知県の大学の文学部国文学科に入学。ここまで出てきた本はすべて外国の著者だったのだが、どこかに転機があったのか。一人暮らしするようになって、名古屋近辺の古本屋に通いはじめる。

「袋井ではブックオフでマンガを探すぐらいでした。名古屋に来て、大学近くの〈古本まゆ〉という古本屋で三十円均一の文庫を買いあさりました。また、藤が丘の〈千代の介書店〉は近代文学の本が並んでいて、龍膽寺雄の本も買いました。店主は八十代のおじいさんで、いろいろ教えてもらっています」

鈴木さんの大学では、現代詩作家の荒川洋治氏がゼミを持っており、鈴木さんは四年生から聴講するようになった。「詩や小説など文学全般についての座談のような時間で、面白かったです」。このゼミではじめて知った作家は多いという。

中上健次で卒論を書き、「もっと小説を読みたい」と大学院に進学。院生同士で読書会を行なった。

里見弴、小沼丹、小山清、深沢七郎、阿部昭……。鶴舞近辺の古本屋や古書即売会に通い、好きな作家の本を集める。短篇が得意な作家を好む。次第に本が増え、下宿の床が傾いたので引っ越したこともある。修論は坪内逍遥『当世書生気質』で書いた。

大学院を出て、県内の図書館に司書として採用される。

「館内でのテーマ展示を担当することがあり、これまでに「蒐集物・コレクション」

「旅」「夏目漱石」などのテーマで選書しました。館内にある本を選んで展示するのは愉しいですね」

一方で、ちいさな出版物を手がけるようになる。大学の仲間との読書会がきっかけで、『しんぺんこまし』という雑誌を二十四号まで出すとともに、「イタリア堂」の屋号で「なみ文庫」として中戸川吉二の『イボタの蟲』を復刻する。同文庫では読書手帳もつくった。

そして、二〇一七年には「遊びを追求する雑誌」として『夜泣き』を創刊。「エロ」「青森」「履物」「おもちゃ」などのテーマに合わせて、小説やエッセイを掲載。「旧刊案内」「書評」など本を紹介する欄もある。文庫サイズで初期の号は百ページ以上ある。自宅のプリンタで出力し、表紙やしおり紐も手作業でつけている。

「『夜泣き』という誌名は、適当に辞書をめくって決めました（笑）。季刊ペースで現在十三号まで発行しました。〈千代の介書店〉と今池の〈ウニタ書店〉、京都の〈古書善行堂〉、神戸の〈1003《センサン》〉などに置いてもらっています。二十号で終刊する予定です」

さて、いよいよ龍膽寺雄の話となる。

「大学のときに古本屋で鎌倉文庫版の『放浪時代』を買って読みました。仲間と過ごした日々を明るく描いていて、この作家が好きになりました。その後、図書館などで少しずつ読んでいたのですが、『アパアトの女たちと僕と　その他』（改造社）がヤフオクに出ていたのを思い切って買いました。初版で函付きの美本だったので、自分でやらなければという使命感のようなものが芽生えて、龍膽寺雄の書誌をつくることにしたんです」

昭和書院から出た『龍膽寺雄全集』や『PREVIEW　NO.1　モダニズムと龍膽寺雄の世界』（プレス・リーブル・センター）などを参考に、大学図書館や国会図書館などで調べていった。その過程で、龍膽寺雄の遺族に会って話を聞くこともできた。

「全集未収録の文献がいくつも見つかったし、神奈川近代文学館に所蔵されている龍膽寺のスクラップブックも閲覧できました。最初は『夜泣き』の別冊として出すつもりでしたが、こうなったら自分が欲しい本をつくろうと、遺族の許可をいただいて、小説や随筆も入れることにしました。山川直人さんのマンガは前から好きだったのですが、芥川龍之介の時代を描いた『澄江堂主人』に龍膽寺雄が登場したのには驚きました。私のために描いてくれたようなものだと勝手に思い込んで、今回の表紙をお願いしたら快諾してくださいました」

本文がまとまったあとも、校正に時間がかかったため、完成までに三年近くを費やしたというが、むしろ早い方だろう。そのパワーには驚嘆する。

「本が出たことで、読んだ方から不明だった出典を教えていただきました。今後は龍膽寺雄のサボテン研究家としての側面を取り上げてみたいです。また、他の作家も追いかけてみたいですね」

古本屋通いは釣りに似ていると、鈴木さんは云う。

「古本屋では、世の中にあるかないか判らない本と出会うことができます。次はあるかなと思って通うのが、古本屋の面白さだと思います」

『夜泣き』を創刊した頃は、その売り上げで古本屋をやりたいと思っていたという鈴木さん。そんなに売れるわけはないので、もう諦めましたと笑う。

このように、他の人が手を着けない貴重な仕事に取り組んでいる若者が、いずれ正当な評価を得て、夢である古本屋を開くことができたらと思う。その頃の日本は、もっと住みよい社会になっていることだろう。とりあえず、『夜泣き』を定期購読するつもりです。

英国の釣り文化を読み解くひと

錦織則政《にしこりのりまさ》さん

「釣りの本の収集家で面白い人がいますよ」という情報を得て、その人が出演しているという番組を見てみた。ケーブルテレビなどで放映されている「釣りビジョン」というチャンネルの「五畳半の狼」。釣りマニアを招いて話を聞く番組だった。「錦織のり鱒」という名前で登場したその人は、英国の釣り文化に魅せられ、関連書を収集していると話していた。しかも、私と同じ島根県出身だという。これは会わなければと思った。

「名前の読み？　にしこり、です」と、錦織則政さんは云った。私の生まれた島根県出雲市では、錦織は「にしこおり」と読ませるのが普通だ。しかし、錦織さんが生まれた松江市では「にしこり」がスタンダードなのだ。三十キロほどしか離れていない隣の市なのに、ちょっとした違いが面白い。そういえば、松江市出身のテニス選手も「にしこり」主だった。

錦織さんは一九六九年生まれ。両親は酒屋を営んでいた。祖母と三つ上の兄、則政さん、それに妹との六人家族。

「子どもの頃は外で遊ぶか、店の手伝いをするかで、あまり本は読みませんでした。学習マンガで世界の歴史シリーズを読んだくらいです。近所に〈郁文堂〉という小さな本屋があって、そこにはときどき行っていました」

いま、錦織さんの叔母さんが同じ場所で、私設の図書館を運営していると聞いて驚いた。昨年（二〇一九）にオープンした〈にっこり文庫〉じゃないか。私も一度訪れている。

一方、釣りへの目覚めは早かった。近くに宍道湖《しんじこ》があり、幼稚園の頃から友だちと一緒にゴズ（ハゼの方言）やコイを釣っていた。小学生になると、自転車で日本海まで行って釣っていた。最近亡くなった矢口高雄の『釣りキチ三平』を愛読し、中高生の頃、ルアー・フィッシングが流行ると、日本ではじめてのルアー・フライ専門誌『アングリング』を購読した。

「高校生になると、河出書房新社から出た『世界の歴史』というシリーズを読みました。テーマと書き手の組み合わせがユニークで、ロシア革命の巻は松田道雄が担当しています。アナキズムの系譜を描いていて興味深かったです」

この頃から、日本よりも世界への興味が強かったようだ。その傾向は、早稲田大学政経学部に入学してからも続く。

「専攻とは関係なく、大学の図書館で世界史の本を借りて読みました。E・H・カーの『歴史とは何か』（岩波新書）は大学近くの古本屋で買って、何度も読み返しました。当初は欧米への関心があったのですが、その後、中国の歴史に興味を持ちました。歴史書以外にも、パール・バックの『大地』や檀一雄の『夕日と拳銃』など、中国が出てくる本を読みました」

早稲田の古本屋街では岩波文庫を探し、その頃住んでいた荻窪では駅前の〈岩森書店〉によく通った。

「井伏鱒二、幸田露伴、佐藤垢石らの釣りに関する著作を買いました。露伴は『洗心録』のなかで日本ではじめてリールの解説をしています」

卒業後、就職してからは仕事が忙しく、一時釣りから遠ざかる。そんななかで、錦織さんはロンドンに赴任することになる。

「『釣魚大全』を書いたアイザック・ウォルトンの国ですから、当然釣りに行きたくなりました。イギリスでは個人が自由に釣りをすることができなくて、釣りクラブに属したりして、川を使う権利を所有者から買う必要があります。その情報を得るために、釣りのガイドブックを手に入れました」

ロンドンのトテナム・コート・ロードやボンド・ストリートの裏路地には古本屋が並んでおり、釣りの本も見つかる。そこで錦織さんが買ったのが、シェリンガムが書いた『Elements of Angling』（一九〇八）だった。アングリングは釣りのこと。著者は当時有名だった釣り雑誌の編集長で、本書は釣りの入門書であるとともに、イギリスの釣り文化を概観するのに最適の本だと、錦織さんは云う。

「英国の釣りをもっと深く理解したいと思って、時間をかけて全文を和訳しました。読んでいるうちに、専門用語も判るようになりました。いつか日本で出版したいと願っていますが、まだ実現していません」

当時は釣りに出かけると、その町にある古本屋に寄った。

「釣りのメッカと云われる南部のソールズベリーには、古本屋が何軒もあります。朝釣りをしてパブに寄り、そのあと古本屋をめぐるのはたまらない愉しさでした（笑）」

この日、錦織さんは、古今の釣り文学のエッセンスを集めた『The Fisherman's Bedside Book』（一九四五）、フライフィッシングの解説書『Modern Development of the Dry Fly』（一九二三年の第二版）など、貴重な釣り本を次々に見せてくれた。私のような釣りの門外漢にも、それらの本のデザインや図版、造本の良さは伝わる。

なかでも面白いのが、『Piscatorial Society 1836-1936』（一九三六）。ある釣りクラブの結成百年の記念本で、当時の世相や釣り界の動向が詳しく書かれている。

「イギリス人はとにかく記録を残すことにこだわりますからね。博物学的なしつこさを持っているんです」と錦織さんは云う。

他にも、釣り本の書誌や釣りの歴史書、技法書、道具のカタログなど、これまでに千冊ほどを読破したという。

「古本屋で探すほか、野外スポーツ専門の古本屋が発行する古書目録で探しました。最近はウェールズにある〈Coch-y-Bonddu Books〉というイギリスで最も釣魚本が充実している古本屋から情報を送ってもらっています」

二〇〇〇年代に入り、錦織さんはもう一度、欧州に勤務する。帰国してからは、自分で釣りの歴史を書きたいと思うようになった。

雑誌『フライフィッシャー』での連載をもとに、二〇一三年に『The History of Bamboo Fly Rods』（つり人社）を上梓。「竹ザオをめぐる職人と釣り人たちの歴史」を軸に、十九世紀から二十世紀にかけての近代フライフィッシングの発展の過程を描いたものだという。

そして、二〇一八年には『The History of Trout Flies 鱒毛鉤の思想史』（シーアンドエフデザイン）を出す。Ａ４判・三百八十ページの重厚な本だ。

「毛鉤の役割は、どうやって魚を騙すかです。その科学と芸術のために、多様な毛鉤が考案されてきました。西洋毛鉤の発展過程を記録としてまとめようと思ったんです」

現在は雑誌『フィッシング・カフェ』で「釣人たちの輪舞曲」を連載中。リールとルアーの歴史を描くもので、いずれは本にまとめるつもりだという。

錦織さんはなぜそこまで、釣りの本に魅せられたのだろう？

「ある有名な釣り人は「最良の釣りは水の中でなく活字の中で行われる」と云っています。辛いことも愉しいこともみんなまとめて、書物の中で釣りが再現されているのです。とくに昔の人が書いた文章にはそのエッセンスが凝縮されているので、古書を集めたくなるんです」

イギリスの本の特徴として、引用の多さが挙げられる。釣りの本でも、ある著書からの引用に対して、自分の意見を加えるという形式で、論争を行なっていた。それにならって、錦織さんの著書も、たくさんの引用の織物によって成り立っている。

「いまは釣りに行くのは月に一度で、あとは自宅でずっと釣りの本を読んでいます。引用するために訳しているときが、一番幸せですね。日本語にすることで、その著者の考えや想いがきちんと理解できる気がするので」と錦織さんは笑った。

戸板康二を愛でるひと

藤田《ふじた》加奈子《かなこ》さん

もう二十年近く前のこと。当時、『季刊・本とコンピュータ』の編集スタッフだった私は、仕事場にいるときに暇ができると、思いついた言葉を検索していた。そうやって見つけたサイトは聞いたこともない古書の図版を載せていたり、マイナーなテーマの研究成果を発表したりしていた。

藤田加奈子さんによる「戸板康二ダイジェスト」もそのひとつだった。演劇評論家にして小説家、エッセイストの戸板康二について、さまざまな角度から光を当てていた。私も中村雅楽ものの推理小説や人物エッセイは好きだったが、戸板康二自身のことは何も知らなかった。だから、ひとつひとつの記事やデータが面白かった。

サイトの中にあった「日日雑記」は、日々の古本屋通いや映画館で見た作品などを記しており、私自身の興味に重なるところがあった。当時、女性が古本について書いた文章は、雑誌でもウェブでもまだ少なかった。二〇〇三年からは「日用帳」という名前でブログとなり、文章の量も増えた。のちにご本人にお会いしたとき、饒舌ぶりがブログそのままで笑ってしまった。

「ナンダロウさん、久しぶりですね！」と、藤田さんは相変わらず饒舌だった。乗ってくると早口になるので、メモが追いつかない。しばしば制止しながら、話を聞いた。

藤田さんは一九七四年、長野市生まれ。一人っ子で、会社員の父と主婦の母との三人暮らし。父も母も小説好きだったが、家にはあまり本はなかった。例の黄色い表紙の『チボー家の人々』（白水社）があったのは覚えているそうだ。

小学一年から東京の武蔵野市に住む。武蔵野市民文化会館の近くに市立中央図書館があり、そこに一人で通うようになる。平家物語や源氏物語など古典を子ども向けにしたものを読んだ。高学年になると、新潮文庫で芥川龍之介、太宰治などを買い、通学するときに電車で読んでいた。

中高一貫の私立校に入ると、経堂まで電車で通う間にさまざまな本を読む。

「新潮文庫と岩波文庫で萩原朔太郎、大江健三郎などを読みました。この頃創刊した講談社文芸文庫は定価が高かったけど、大江などを買いました。『ちくま文学の森』ははじめて読む作家が多くて、楽しかったです」

学校の図書館は蔵書が多かった。三島由紀夫が割腹自殺した日の新聞の縮刷版を引っ張り出して、友人と見たりした。図書委員になり、文化祭で古本市をやったという。女子高生らしく、『mc Sister』や『Junie』も読んだが、『Olive』では洋書店の紹介記事に「ステキ」とうっとりし、『本の雑誌』や『リテレール』をブックガイドとして愛読する立派な本好きになっていた。

はじめて古本屋に行ったのは、高校生のとき。学校帰りに吉祥寺や三鷹の古本屋に寄った。

「友だちには古本は汚いと云われましたが、私は気になりませんでした。『大江健三郎全作品』（新潮社）などを買いましたね」

大学浪人のときは、神保町に近い予備校に入り、〈東京堂書店〉や〈三省堂書店〉などの新刊書店に通った。翌年には慶應義塾大学経済学部に入学。渋谷の新刊書店でアルバイトをする。

「愛読している作家が来店したときは、すぐ判りました。アルバイトは割引で本が買えるのも嬉しかったです」

在学中に海外旅行に出かけ、ニューヨークの本屋で、柴田元幸訳で読んでいたポール・

オースターの原書を買ったこともある。

卒業後、仕事が決まらなかった時期に、藤田さんは趣味の世界に入り込む。「唐澤平吉『花森安治の編集室』(晶文社)を読んで、子どもの頃、母が購読していた『暮しの手帖』が懐かしくなり、当時、六本木にあった暮しの手帖社別館でバックナンバーを読みました。そこで、創刊号に掲載された戸板康二の『歌舞伎ダイジェスト』を読んだんです。これが戸板康二との出会いでした。花森安治のカットがステキでした」

歌舞伎を観たり、閉館する間際の銀座の名画座〈並木座〉で小津安二郎や成瀬巳喜男の映画を観るなど、藤田さんのなかで日本的な文化への嗜好が強くなっていた時期だった。

その翌年、銀座の〈奥村書店〉で『歌舞伎ダイジェスト』の単行本を買う。この店では戸板の『歌舞伎への招待』(衣裳研究所)も購入した。その頃から、藤田さんは「戸板康二の本を集めよう」と思い立つ。

「吉祥寺の〈よみた屋〉、荻窪の〈ささま書店〉、神保町の演劇関係の専門店〈豊田書房〉などを回って、戸板康二や歌舞伎の本を探しました。就職が決まっても、会社の帰りに早稲田の古本屋街に寄っていました(笑)。また、江戸東京博物館の「永井荷風と東京」展に感激して、野口冨士男の『わが荷風』から派生して、野口が編集していた雑誌『風景』も集めるようになります」

戸板康二の『あの人この人　昭和人物誌』（文春文庫）を読めば、そこに出てくる獅子文六、十返肇らのことが気になり、彼らの本を探すようになる。自然に買う本の範囲が広がってくる。まさに古本沼にハマった状態だ。

「一人暮らしするようになると、解放されてさらに本が増えました（笑）」

一九九〇年代末から二〇〇〇年代の頭にかけては、出版メディアにおける「古本ブーム」が起こっていた。古書業界としてはバブルの時期から売り上げが後退し、デパートでの即売会も終了するところが増えた。そんな時期だからこそ、むしろ注目が集まったと云えるだろう。唐沢俊一や岡崎武志、坪内祐三らの古本エッセイ、〈月の輪書林〉をはじめとする古書店主の本が、晶文社などから次々刊行され、活気があった。古本屋を特集する雑誌やムックも出た。その空気が、藤田さんの古本好きを加速させたのだろう。

「岡崎さんや坪内さんのエッセイで知った本を、古本屋で買おうと思いました。大村彦次郎さんの『文壇うたかた物語』など文壇三部作が出るのもこの頃で、かなり影響を受けました」

二〇〇一年には、人から教えてもらい、〈石神井書林〉の古書目録を手に入れる。ウェブの日記には、「噂に違わず、んまあ、なんて素晴らしい目録なのでしょう。まさしく、ページをめくる指を止めることができない」と興奮を抑えきれずにいる。

その後、月の輪書林の目録も入手。その勢いで、五反田の南部古書会館の即売会にははじめて足を運ぶ。

「雑多に古本が並ぶなかから、百円で買えるのが魅力でした。古本屋の店舗では店主の目が気になるけど、即売会では荷物を預けるのでのびのび見て回れます。その頃はまだ女性客が少なかったせいか、帳場の古本屋さんによく話しかけられました（笑）」

同じころ、神保町の〈書肆アクセス〉で書物同人誌『sumus』の洲之内徹特集を買い、バックナンバーも入手する。その後、『彷書月刊』『日本古書通信』の二大古書雑誌も読むようになった。神保町の古書会館にも行くようになる。

藤田さんは一九九八年頃からウェブで日記を書いていたが、二〇〇二年にはサイト「戸板康二ダイジェスト」を開設。自分用のメモのつもりで、戸板の著書やプロフィールなどをまとめた。翌年にはブログ「日用帳」をスタートし、古本屋めぐりや買った本について書く。これが注目され、二〇〇四年には『ブッキッシュ』第六号の特集「戸板康二への招待」に、戸板康二ブックガイドを寄稿した。

「サイトやブログで書くために、戸板康二や東京について、国会図書館や大学図書館などで調べるようになりました。その習慣はいまもつづいています。いま調べているのは、東京のテレビ塔のことです。なかなか先に進みませんが……」

戸板康二関連では、戸板が参加していた句楽会の句集『もずのにへ』と同会の雑誌『太平楽』を〈扶桑書房〉の目録で見つけ、九万円で購入。そこで判ったことを、雑誌『游魚』第六号（西田書店）に寄稿した。ブログ「戸板康二ノート」ではその余話が掲載されている。もっとも、「余話」と呼ぶには恐ろしく長い文章である。

「書きたいことは、まだたくさんありますね。コンスタントに調べて、ブログで書いていきたいです」

ちなみに、戸板康二本のベスト3は？　と訊くと、悩みながら答えてくれた。

「『演藝書報・人物誌』『六代目菊五郎』『久保田万太郎』『折口信夫坐談』ですね。あ、四冊になっちゃいました（笑）」

即売会はよく行くが、二〇一四年に〈奥村書店〉が閉店して以来、店舗に足を運ぶことが少なくなった。ただ、関西に旅行に行くと、古本屋をめぐる。

「新型コロナウイルスの影響で、昨年（二〇二〇）春に即売会が中止になったときはつまらなかったですね。七月に東京古書会館で趣味展が再開されたときは、わーいと喜んで駆け付けました。バカみたいにたくさん買っちゃいましたよ（笑）」

それにしても、買った本はどう整理しているのだろう。ましてや、藤田さんは『脇役本』（ちくま文庫）などの著書を持つ濱田研吾さんと結婚している。マニアックな古本好きの夫婦なのだ。

「本棚は別になっていて、夫の本棚は片付いています。私の本がそっちに侵食すると、黙ってどかされるんです（笑）」

改めて古本の魅力は？　と訊いてみた。

「世に埋もれている本と出会えることですね。私が手に取らなければ、ひょっとしてゴミとして捨てられたかもしれないと思うと、資料として残しておかなければと思います」

藤田さんは今後も、戸板康二をはじめとする好きなテーマを愛でつつ、自分のペースで進んでいくだろう。

古本と仕事

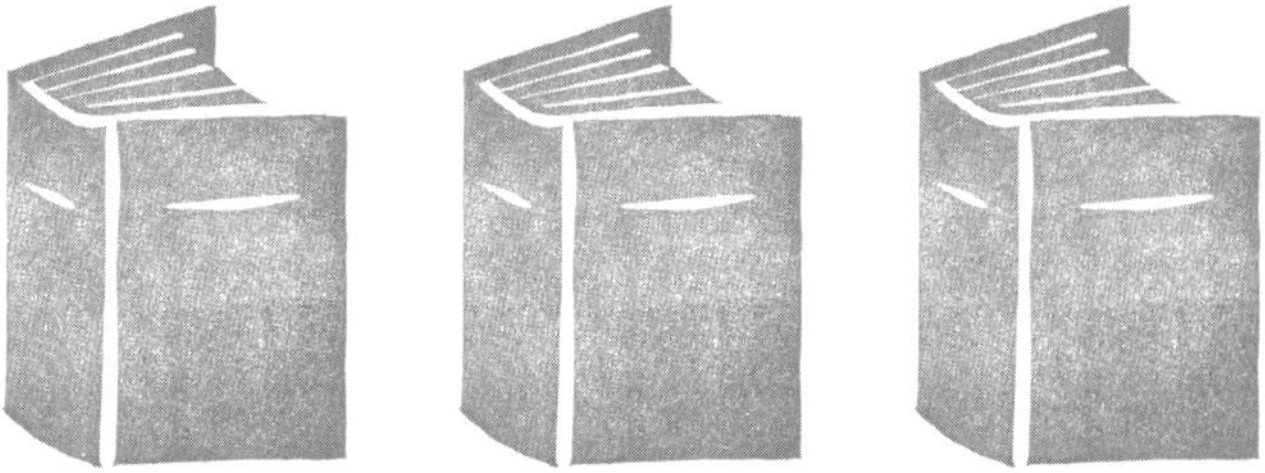

私が一番困るのは、ときどき「探求書のジャンルは？」と問われることで、やむなく「ジャーナリズム」などと書くこともあるが、実のところ、いったい自分が何の本を探しているのかまるでわかっていないために、目録や、古本屋さんの本棚を眺めているのだとしか言いようがない。（略）多分読もうとしているのは、本のなかみだけではないだろうということはワカッテいる。

河内紀『古本探偵』
北宋社　二〇〇〇

古本から新刊を生み出すひと

伊《い》藤《とう》嘉《よし》孝《たか》さん

私自身もそうであるように、編集者には古本好きであることが結果として仕事につながっている人がいる。なかでも、会社自体が古本マニアの巣窟ではないかと疑われるのが国書刊行会だ。絶版になった本や稀覯本を資料として、復刊、アンソロジー、全集などを刊行している。

今回はその国書刊行会の若手代表（?）として、伊藤嘉孝さんに話を聞いた。同社で武術、民俗学、考古学などの本を企画し、新しい路線をつくっている。

「これまでの古本との付き合いが、すべて仕事につながっている気がします」と語る伊藤さんの古本遍歴はどういうものなのか。

伊藤さんは一九七八年、岩手県盛岡市生まれ。父は銀行員。両親との三人家族。

「父が四十歳を過ぎて生まれた一人っ子だったので、甘やかされました。両親は本はあまり読みませんが、本はいいものだという思いがあって、私には自由に本を読ませてくれました」

小学校に入ると、近所にあった〈高松堂書店〉に通う。店の床に座ってマンガ雑誌をずっと読んでいたが、店のおばさんは黙認してくれた。

「マンガの単行本では、藤子不二雄の異色短編集や手塚治虫の『三つ目がとおる』を買いました。十歳になると、栗本薫の『ぼくらの時代』（講談社文庫）を買って、はじめて大人向けのミステリを読みました」

このころ読んだのが、『魔の星をつかむ少年』（鈴木悦夫、学研）。平井和正の『幻魔大戦』を思わせる超能力もので、当時ハレー彗星が地球に接近したことも重ねて読んだ。また、『蘇乱鬼と12の戦士』（本木洋子、童心社）は出羽三山を舞台にした物語で好きだった。

伝奇SFにハマって、中学では半村良『産霊山秘録』をはじめ、高橋克彦、夢枕獏、菊地秀行などを読んだ。

中学に入る直前に引っ越したが、入学した学校になじめず、二年生になると不登校になった。

「集団行動ができなくて、教室にいるのが嫌だったんです。補導されないように私服で町に出て、自転車でぐるぐる回っていました。息をひそめるように図書館で本を読んでいました」

伝奇ＳＦのほか、勃興期だったライトノベルも好きで、スニーカー文庫、ソノラマ文庫、富士見ファンタジア文庫などの新刊はほとんど買っていたという。

また、家にあったパソコンでロールプレイングゲームをやっていたので、『コンプティーク』『ログイン』などのゲーム雑誌も買った。

不登校のまま高校を受験するが、志望校に落ちて浪人。中学浪人を対象とした予備校に通う。ここで後につながる大きな出会いがあった。地元にあった諸賞流《しょしょうりゅう》という古武道の道場に通うようになったのだ。

「『少年サンデー』に連載されていた『拳児』を読んで、武術に興味を持ちました。原作者の松田隆智さんは中国武術の専門家ですが日本の古流にも造詣が深く、この人が書いた本も読みました」

高校には翌年には合格するが、一年で行かなくなる。

「周りに本好きがいなくて話ができなかったんですよね。でも二年生の十二月にある修学旅行にだけは参加したくて、それだけ行って中退しました」

うーん、なかなか曲折の多い青春時代である。

伊藤さんは一九九九年、二十歳で大検により早稲田大学人間科学部に入学。

「十六歳で京極夏彦を読んで以来、新本格ミステリに耽溺していたので、とにかくワセダミステリクラブに入れれば、どの学部でもよかったんです（笑）。ワセミスではラウンジに集まってダベるのが楽しかった。二学年上に作家になる宮内悠介さんがいました」

早稲田の古本屋街や下宿の近所のブックオフに通い、部屋のなかには本がどんどん増えていった。先輩や友人もみんな似た状況だったので、「そういうものだと思っていました」と笑う。

二年留年して卒業。古武道の流派に関心を持ち、卒論では「陰流」の伝承について書いた。

就職活動もせずに無職だった伊藤さんを心配したサークルの後輩が、編集プロダクションのアルバイトを紹介してくれた。その後、〈ブックファースト〉渋谷店で働く。

「接客業ははじめてでしたが、棚をつくるのは愉しかったです。その後、大井町店にいた頃に国書刊行会の社員募集を見て応募したんです」

最初に担当したのは、シャーロック・ホームズのパスティーシュの翻訳だった。訳者は他社のベテランの編集者でもあり、本のつくり方を教えてもらった。

一年後には自分の企画を出すようになった。最初の頃に手がけたのは、綿谷雪《わたたにきよし》の『完本　日本武芸小伝』。一九六一年に出た本の復刻だ。

「十五歳で東京にはじめて来たとき、神保町の〈小宮山書店〉でこの著者の『増補大改訂　武芸流派大事典』（共編、東京コピイ出版部）を買いました。一万円でした。綿谷さんはこのとき七十五歳で、その後も補遺としてガリ版刷りで『武芸帖通信』を発行しています」

編集者になって、より資料性の高い古本を買うようになったと伊藤さんは云う。古流マニアの友人から武術の型が解説されている巻物も譲られたそうだ。

「最近はあまり小説を読まなくなって、古い随筆を読むようになりました。柳田國男の『故郷七十年』で柳田が婿入りした飯田の柳田家が武術に関係していたことが判ったり、埴谷雄高の随筆に福島の実家が剣術を教えていたとあったりと発見が楽しいです」

伊藤さんは考古学関係の本も編集している。

「子どもの頃、親戚に連れられて遺跡に行って土器を見つけたんです。考古学者になりたいと思ったのですが、本にのめり込んでしまった。あとになって縄文関係の本を集めました。縄文土偶が表紙になっている宗左近の詩集も持っています」

これまで五十〜六十冊を手がけているが、原本のある企画が多い。手に入りにくい本を新しい装丁と編集で提供することに意義があると、伊藤さんは考えている。

「それと私は索引づくりのような細かい作業が好きなんです。どんな固有名詞を採るかを考えるのが面白いです」

古本を探すのにはネットや古書目録は使わず、即売会にもあまり足を運ばない。それよりは、店舗を訪れたときに本と出会うのがいいと云う。

「店ごとに本の並べ方などが違っていて、個性が感じられます。百円均一の棚には宝探しのような感覚があります」

現在は中央線沿線に住み、近所の古本屋を毎日のように覗く。今年（二〇二〇）四月に荻窪の〈ささま書店〉が閉店すると聞いたときには、一週間で三回行った。

「新型コロナウイルスの感染拡大で外出が自粛されていた時期でしたが、ものすごい人で密密状態でした。飛ぶように本が売れていましたね」

古いアパートの二階で暮らしているが、あるとき大家さんに部屋の中を見られた。

「すごい量の本を見て、「常軌を逸している。処分しろ」と云われましたが、話し合った結果、一階の空き部屋を使わせてくれることになりました。更新の際、契約書に「これ以上本を増やさない」と入れられましたが、「努力する」に変えてもらいました」

本人は飄々としておっしゃるが、凄まじい話だ。肝が据わっていて、私にはとても真似できない。真似したくもないけど……。

「出したい本はまだたくさんあります」と伊藤さんは云う。時を経て一度忘れ去られた本を古本屋で見つけ、新しい本として世に送り出す。さまざまな曲折を経て、伊藤さんは天職にたどり着いたのだ。

出版の出発点に古本があるひと

下平尾《しもひらお》直《なおし》さん

七年前、千駄木の〈往来堂書店〉で、藤原辰史『食べること考えること』と都甲幸治『狂喜の読み屋』の二冊が並べられていた。店長の笈入建志さんによると、版元の「共和国」の最初の刊行物だという。その時点ではどちらも知らない著者だったが、造本の良さに惹かれて前者を買った。その後も池内規行『回想の青山光二』など、値段は張るが手元に置いておきたい本を出す出版社として印象に残った。

二年前に出版業界紙で、社主の下平尾直さんに取材をした。東久留米のファミレスで三時間近い話を聞くと、端々に古本のことが出てくる。この人の根っこには古本や古本屋の経験があるのだろうと感じていたので、今回話を伺うことにした。

下平尾さんは一九六八年の元日、大阪府高石市に生まれ、岸和田市に育った。両親と三つ下の弟との四人家族。父は会社員。母は本好きで、本棚には文学全集や美術全集が並んでいた。

幼稚園のときに読んだ絵本では、「少年がコールタールまみれでひたすら道を歩く」場面がなぜか記憶に残っている。

小学校に入ると、星新一や司馬遼太郎を読むようになる。『小学四年生』で当時のアイドルの太川陽介が太宰治の『人間失格』が面白いと話していたことから興味を持った。

「母に読んでみたいと云ったら、デパートの本屋に行ったときに、店員さんに『人間失格』ってどうなのって聞くんですよ（笑）。店員が「ちょっと早いかもしれませんね」と云ってその時は買ってもらえず、後で、巡回図書館の車内で新潮文庫の『ヴィヨンの妻』を見つけて読み、むんむんと扇情的な描写に昂奮したのが文学への目覚めでした」

近所には数軒の新刊書店があり、それらをはしごして、新潮文庫の太宰治を少しずつ買った。さらに芥川龍之介、菊池寛、森鷗外などの短篇集も片っ端から読んだ。

「薄くて安かったからですが、短篇は読んでハッと気づかされるところがあって好きでした。中学に入ると、太宰の『女の決闘』に出てくるクライストやホフマンを岩波文庫で探しました。古典的な海外文学もひと通り読みましたが、同時代のＳＦやミステリなどはまったく読まなかったですね。古いものばっかりで」

中学校ではABBAやビートルズなどの音楽にハマり、とくにビートルズはファンクラブにも入った。「その二十五年後に上京してから西武池袋の古書展で、ペンネームで投稿した会報を見つけたんで、すぐにレジに持って行きました（笑）」

下平尾さんは私と同学年だが、エンタメ小説ばかり読み、テクノポップとフュージョンばかり聴いていた私と違い、文化の王道を走っていたのだなと感じる。もちろん、どっちがいいという話ではないが。

中学三年のとき、岸和田の書店で織田作之助『夫婦善哉』（新潮文庫）を見つける。当時、織田作の文庫は新刊でこれしか買えなかった。

「他の書店には置いてなかったから、返品漏れか売れ残りだったんでしょう。最初はあまり面白くなかったけど、阿倍野にある高校に通うようになり、通学途中に織田作の小説の舞台を通ってみたら、ばーっと風景が浮かんできて、一気に愛着が湧きました」

はじめて古本屋で買ったのも織田作の本だった。梅田の「かっぱ横丁」にあった〈加藤京文堂〉（漫画家のグレゴリ青山さんがここでのバイト体験を『ブンブン堂のグレちゃん』で描いている）で、『世相』の初版を二千円で買う。

「同書に入っている『四月馬鹿』は、武田麟太郎を追悼した小説です。それで気になって、古書で新潮文庫の『銀座八丁』を買い、その後、大阪球場の一階にあった「なんばん古書街」で『武田麟太郎全集』全三巻（新潮社）を買います。文学とロック以外のものにはまったく関心がなくて、スポーツも苦手。典型的な文系人間でした」

高校は私立男子校で、制服のない自由な校風だった。下平尾さんは在学中に文化祭の実行委員を務め、プログラムの編集担当係だった。「それが私のはじめて編集した印刷物です。二万部印刷したのですが、もうこれから先はこの部数を抜けそうな気がしません（笑）」

一年浪人して、関西大学法学部に入る。ポストモダンブームに反発して西洋マルクス主義関係の本を読むうちに、たまたまドイツ文学者・池田浩士の『ルカーチとこの時代』（平凡社）を手にする。

「当時、私の聖地みたいに通っていた〈旭屋書店〉本店で買いました。難しいけど面白かったので他にもあれこれ池田さんの本を読んだら、東アジア反日武装戦線のことが書いてあった。関心を持って大阪で救援運動をしている会に参加して、先年亡くなった水田ふうさんと出会ったのですが、すでに死刑判決が確定していて、この会ではすることがないよ、と。ふうさんがご自分のパートナーでアナキズム詩人の向井孝さんを紹介してくれて、死刑廃止運動の例会に顔を出すようになります。ネクラな文学少年が社会化された瞬間です（笑）。関大前駅の前にあった〈ボーケンオー〉という古本屋の店主が岡本民さんという運動系のフォーク歌手で、池田さんが関大でも非常勤で教えていると云うので、二年くらい、ふうさんと授業に潜りこみました。そうやって池田さんにも面識を得たのですが、考え方はマルクス主義、行動はアナキズムと、両方に足をかけてたんですね」

この頃、金賛汀『朝鮮人女工のうた』（岩波新書）を読んで驚いたことがあった。「サブタイトルに『1930年・岸和田紡績争議』とあるように、強制連行されて岸和田紡績の工場で働かされた朝鮮人女工のストライキを描いたルポですが、最も戦闘的だった春木工場の跡地に、私が通っていた中学が建っていた。ここは小説『岸和田少年愚連隊』の舞台になった中学なんですが、さらに調べてみると、このときストライキを調停した堺警察の署長が武田左二郎といって、武田麟太郎の父だった。奇縁を感じましたね。授業にはまったく出ませんでしたが、こういうことを調べる勉強は面白かった」

関大の図書館は一時期、書誌学者の故・浦西和彦氏が図書館長を務めており、充実した蔵書で知られる。下平尾さんはその図書館の書庫に通いつめて、手あたり次第に貴重な本や雑誌を読みまくった。並行して、死刑廃止運動のイベントを手伝ったり、日本寄せ場学会の雑誌『寄せ場』の編集委員や「文学史を読みかえる」研究会の事務局を務めたりした。

「この頃は運動と読書が結びついていました。プロレタリア文学や転向作家、戦争作家への関心も生まれ、底辺から社会を見る視点を持つようになりました」

大学一年から朝日新聞社の編集局でアルバイトをし、五年目からは東宝の宣伝企画室でアルバイトをする。「イベントでゴジラの着ぐるみに入ったこともあります（笑）」。留年を重ね、七年生のときに父が亡くなる。「こんな親不孝もありません」。

七年で大学卒業後、大阪のデザイン会社でコピーライターとして勤めたあと、池田浩士さんから誘われて、京都大学に新設された大学院の人間・環境学研究科に入る。修士論文のテーマは「底辺下層文学史」。内田魯庵が訳したドストエフスキーの『罪と罰』が、近現代の日本の文学や思想にもたらした影響をたどった。

「池田さんご自身が資料へのこだわりが強烈な研究者で、こちらも負けじと古本屋が目に入ると必ず寄っていました。当時は〈天牛堺書店〉が通学沿線のいくつかの駅構内に出店していて、二百八十円とか五百八十円とかの均一台がしょっちゅう入れ替っていたので、講義に行くふりをしては途中下車して古書店を回るのが日課でした」

そこで戦前のプロレタリア演劇に関わった大岡欽治の蔵書を見つける。その中には、官憲の目から逃れるためだろう、紙を貼って背表紙のタイトルを隠した本もあったという。

「全国の古書店から古書目録もよく送っていただきました。自宅に五十冊ぐらい届く月もあったのですが、転職して東京に引っ越すときに転居通知を出さなかったので、母が迷惑して「もう送ってこないように」と連絡した古書店もあったと聞きました（笑）。この場をお借りしてお詫びいたします」

神保町の〈高橋書店〉の目録にはプロレタリア文学や転向作家が多く載っており、学部時代からよく電話で注文していた。ある年の夏休みに上京したついでに店に寄ったら、狭い通路が本の山だらけで、奥にいた背の高い白髪のおじいさんが日比野士朗『呉淞クリーク』（中央公論社）を差し出した。

「しれっと「ウースンクリークですね」と答えたら、「若いのによく読めたね」と褒めてくれて（笑）。〈中野書店〉の目録で、十年以上探していた山岸藪鶯訳『空中軍艦』（博文館）を見つけたときは嬉しかった。山岸は太宰と親交のあった山岸外史の父で、たしか四万五千円で、こんな高額な本を買ったのははじめてでした。学生時代、大学院時代と、本とレコードだけに金をつぎ込んでいました。大学院時代には日本学術振興会の特別研究員だったのですが、そのころの事務書類を見ると、〈あきつ書店〉〈石神井書林〉〈中野書店〉がずいぶん記載されています（笑）。この時期は、新刊だろうが古本だろうが、買った本はとにかく全部読むことを自分に課していました」

博士課程に進んで三年目に突発性難聴となり、治らないまま常に耳鳴りに悩まされることになる。

「もうガクッときましたね。耳鳴りで眠れないので睡眠薬とアルコールに依存して、一年ほどは最暗黒時代でした。とはいえずっとそうしているわけにもいかないと思い直して、大学院は放ったらかして、編集プロダクションに就職しました。作文の通信講座をゼロから立ちあげたり、教育学者の齋藤孝さんの本を編集したりして、二年足らずいました。あまりに忙しすぎたんですが、かえってこんなポンコツでも社会で通用するんだと自信がついたというか（笑）」

その後、別の編プロを経て、二〇〇七年に東京の水声社に編集者として入社した。同社には七年勤務し、八十冊ほどを編集した。そのかたわら、二〇一一年には悪麗之介の筆名でインパクト出版会から『俗臭　織田作之助［初出］作品集』『天変動く　大震災と作家たち』という二冊のアンソロジーを出している。

二〇一四年に共和国を設立。「池田浩士さんがかつて出していた雑誌が『共和国』だったり、当時読んだ詩人で翻訳家の管啓次郎さんの『本は読めないものだから心配するな』（ちくま文庫）に『書店という共和国』という素敵なエッセイが収録されていたので」この屋号に決める。下平尾さんが社主である一人だけの出版社だ。文学、芸術、哲学、映画などジャンルを問わず、幅広く出版。これまでに六十冊を刊行した。

「新しい本をつくるときも、これまでに触れてきた古書の蓄積から考えています」と下平尾さんは云う。「本をつくる出版という行為も、過去に出された無数の本からの引用であることに自覚的でありたい」。十代の頃、新刊で買えない織田作を求めて、古本屋に足を運んだことが思い出される。高見順『いやな感じ』、萩原恭次郎『断片』の復刊や、今年（二〇二二）に出た武田麟太郎『蔓延する東京　都市底辺作品集』では、追加収録する資料や下平尾さんが書く解題に、これまで集めて読んできた本から得たものが投入されている。

「武田麟太郎の『暴力』が掲載予定だった『文藝春秋』は、この作品を削除して発行されましたが、『蔓延する東京』の編集中に「日本の古本屋」で注文してみたら、届いたのが四半世紀ほど現物を探してきたその無削除版だったんです。こういう偶然や発見があるので、古本と付き合うのはやめられません」

もうひとつ、古本のおかげだというのは造本のことだ。共和国では創立以来すべての本のデザインを、ブックデザイナーの宗利淳一さんが担当している。

ジョゼフ・チャプスキ『収容所のプルースト』をはじめとするシリーズ「境界の文学」の造本は、戦前に刊行されていた「版画荘文庫」に影響を受けているという。また、山家悠平『遊廓のストライキ』の初版では、カバーに遊廓の格子窓のような穴を開けた。これはレッド・ツェッペリンのアルバムの仕掛けを意識したものだという。下平尾さんが出会ってきた古本やレコードのデザインから得た発想を、宗利さんが具現化していると云える。

「学生時代が長すぎたこともあって世の中に出るのが遅かったし、まして東京に来ても私のことなんて誰も知らないですからね。むしろ気軽に、宗利さんや著者、訳者、友人たちとバンド活動の気分で出版社をやっています。いつまで続くことやら」

駅から数分の所に自宅兼事務所があるが、自室の押し入れや窓の前にも本の山が出来ており、あるはずの本が出てこないのはしょっちゅうだ。「最近はリビングにも侵食して、足の踏み場もないいんですよ」と下平尾さんは云う。そのため、「共和国の本拠で話を聞きたい」という私の願いは、今回も却下された。「共和国の福利厚生施設になってほしい」と下平尾さんが云う居酒屋〈佳辰〉に向かう途中、共和国があるマンションを横目にして、いつかはここにスパイとして潜入したいものだと思うのだった。

「ジャンルのない本」を集めるひと

末永《すえなが》昭二《しょうじ》さん

神奈川近代文学館で開催された「永遠に『新青年』なるもの」展（二〇二一）を観に行って、懐かしい名前を見つけた。会場で販売していた「新青年」研究会の機関誌『「新青年」趣味』に、末永昭二さんが文章を書いていたのだ。もう二十年以上前のことだが、同誌について取材する際に末永さんとはじめて会った。その後、古書雑誌『彷書月刊』で私と同じ時期に末永さんが連載されていたこともあり、顔を合わせる機会が何度かあった。そのたびに、「この人は何者なんだろう?」と気になっていた。なんでもよくご存じだが、どこかつかみどころのない印象があった。

久しぶりに会った末永さんは、仙人のような髯をたくわえ、「神保町、久しぶりに来ましたよ」と話す。自宅で編集仕事をしていて、人と会う機会は少ない。新型コロナウイルス禍の前から、そういう生活をつづけているそうだ。

末永さんは一九六四年、福岡県生まれ。大分県に近く、海も山もある田舎町で育つ。両親と六つ違いの兄との四人家族。父は中学校で技術家庭科を教えており、家には教育関係の本が多かった。

「技術家庭科だけど、本来は園芸が専門なんです。だから、授業で製作するラジオキットを検品代わりに私に組み立てさせることもあった。小学生がつくれるんなら大丈夫って(笑)。それで『ラジオの製作』などの雑誌を買うようになりました」

記憶に残る最初の本は、小学校に入った頃に読んだ『吾輩は猫である』。子ども向けのものではなく、旺文社文庫版に母がルビを振ったものを読まされたという。

「ほんとうは何も判ってなかったのですが、なんとなく面白かったですね。めんどくさくなったのか、途中でルビがなくなるんですが、勘で読み通すことができました」

小学校に入ると、図書室の本を片っ端から読む。市の図書館や児童館でも借りまくり、それらを枕元に積み上げていた。あまり本ばかり読むので、言いつけを守らないときは、本を読ませないことが罰だった。小学校の図書室で週一回借りる本はすぐ読んでしまうので、兄に頼んで中学校の図書室で借りてもらっていたら、兄が多読で表彰されてしまうというハプニングもあった。

小学校三年のとき、校舎の建て替えで、図書室の蔵書が移動された。その中には、古すぎて開架にしていなかった終戦直後の仙花紙本が混じっていた。

「ＮＨＫのラジオドラマ『三太物語』シリーズもありましたね。ラジオドラマの本をよく出していた宝文館が発行したものです。この本で旧かな遣いが読めるようになったと思い込んでいましたが、最近確認したら新かな遣いでした。でも、この頃から新かな・旧かなの両方が読めていたのはたしかです」

恐るべし、旧かなを読む小学生！

乱読なので何でも読んだ。とくに保育社の原色図鑑を熟読する。「写真の説明を読むのが好きでした」。親に買ってもらった、小学館の全集『少年少女世界の名作』に収録されていた海野十三の『海底大陸』で探偵小説というジャンルを知った。一九七三年のことだ。だからと云って、特定の作家を愛読するということはなかった。

この頃から数年は、一冊ごとに読書感想文を書いて母に提出しないと、次の本を買ってくれなかったという。

「このあたりから「子ども向け」に編集された本を読まなくなりました。雑誌もマンガも読まず、テレビも子ども向けの番組はあまり観ませんでした」

なお、末永さんの母方の祖父は戦前に大阪で暮らしており、母は昔、祖父が買ったであろう『新青年』を読んでいたという。祖父の家には講談社版の『江戸川乱歩全集』があり、それを読んで、ポプラ社の乱歩シリーズが改変されていることに気づいた。

中学では吹奏楽部に入り、ギターも弾くようになって、バンドも組んだ。いまでもライブ活動をつづけていて、楽器を自作する凝りようだ。

相変わらず本を乱読する。学校の図書室で、渡辺一夫が訳したラブレーの『ガルガンチュワとパンタグリュエル物語』を読み、その文章に魅せられる。『鞍馬天狗』や『収容所群島』など、長い小説を好むようになる。

「田舎だったので、高校まで電車やエレベーターの乗り方を知りませんでした。高校の修学旅行で東京に行った際、自由行動の時間に友だちと秋葉原に行ったのですが、駅のホームが交差していて、電車がドンドン来るのに怖気づいて、早々に帰ってしまいました（笑）」

そんなウブな少年は、立命館大学の文学部哲学科に入学。京都で一人暮らしする。はじめての古本屋体験もこの地だった。

「映写技師のアルバイトをしていて、映写中は本を読んでいました。そこで安い本を買いたいと思って入ったのが、クラスの友人に教えられた〈アスタルテ書房〉でした」

澁澤龍彥も通ったと云われる伝説の古本屋だ。当時は河原町三条にあった。探偵小説が並んでいる棚があり、その中からまず、江戸川乱歩の文庫本の解説で名のみ知る、小酒井不木を買ってその面白さに引き込まれた。

「この店では久生十蘭や橘外男といった作家の戦前の本を買いました。いま思えば安かったですね。週に三、四回通っているうちに店主の佐々木一彌さんから「探偵もの好きの学生」として覚えてもらいました」

新刊は立命館大学の生協で買う。ここの書籍部は国内の大学では最大級の広さがあり、組合員は割引で買える。葦書房の『夢野久作著作集』全六巻や三一書房の『少年小説大系』全二十七＋十六巻、『宮武外骨著作集』全八巻（河出書房新社）といった、長期にわたって刊行された全集物はここで買いはじめた。

「宮武外骨や小酒井不木を経由して、梅原北明という出版人に出会います。古本屋で、彼が編集した雑誌『グロテスク』や『カーマ・シャストラ』、『変態十二史』シリーズなどを集めました」

ウィトゲンシュタインで卒論を書き、ビュトールの言語遊戯に魅せられる。その流れで、一九七六年から刊行された集英社版『世界の文学』全三十八巻を揃いで買って、セリーヌやゴールディングを知り、当時知られていなかった作家の変わった作品を読んだ。

「ちなみに私は、文学作品は海外作家だけで、日本の作家は読みません。でも、探偵小説となると逆で、日本人作家ばかり読んで、海外ミステリには疎いです。なぜか手が出ないんです（笑）」

大学在学中、就職活動のために何度か東京へ。はじめて神保町の古本屋と楽器店をめぐる。〈中野書店〉の探偵小説の充実ぶりに目を見張り、「やはり東京に出ないとダメだ！」と思う。一九八七年、卒業とともに上京。府中のメーカーに就職し、技術開発者として働くが、あまりの残業の多さに一年半で辞める。

その後、日本エディタースクールの通信教育の校正コースを修了し、同校から紹介されて、技術関係の出版社で編集者として働く。

「小さな会社で、給料が出ないこともありました。仕事が多くて、会社に泊まり込むこともあった。でも、好きにやらせてもらえたので、十年くらいいましたね」

神保町には足しげく通う。その頃から古い雑誌を集めるようになる。

「単行本と違って、当たり外れがあるのがいいんです。袋に入った雑誌の隅っこに、面白そうな記事がひとつでもあれば当りという遊びです」

その頃、『橘外男ワンダーランド』（中央書院）収録の単行本リストに入っていないタイトルを、読者カードに書いて送ったところ、編者である作家の山下武さんから自宅に誘われる。山下さんは古書関係の著作が多く、「参土会」という古本好きの集まりの主宰者だった。

「その日に出会ったのが、浜田雄介さんら第二次『新青年』研究会のメンバーでした。同世代で古本の話ができる人たちと会えて嬉しかったです」

山下さんとは四十歳近くの差があったが、集めている本が重ならないことや古い演芸の話が通じることから可愛がられ、書庫の改築のときには蔵書の整理も手伝った。その付き合いは二〇〇九年に山下さんが亡くなるまでつづいたという。

また、ジャーナリストの竹中労を囲む月例会にも参加し、父の画家・竹中英太郎についての話も聞いている。末永さんはのちに竹中英太郎が挿絵を描いた小説を集めた『挿絵叢書　竹中英太郎』全三巻（皓星社）を編集している。同シリーズの横山隆一、高井貞二も担当。多種多様の雑誌に目を通してきた末永さんだからこそできる仕事だ。

会社を辞めたあと、編集プロダクションで校正のアルバイトをしたのち、九〇年代末から誠文堂新光社の雑誌『ＭＪ無線と実験』にフリー編集者として関わるようになった。好きな海野十三が電気技術者として関わっていた雑誌だ。少年時代から親しんできた電気の知識が役に立った。

二〇〇一年には、『貸本小説』（アスペクト）を刊行。昭和三十年代に貸本屋向けに出されていたライトな小説本を紹介した、ユニークな本だ。

「異なる出版社から似たような装丁の本が出ていることから、貸本小説ということに気づき、自分の中でひとつのジャンルになりました。お金が貯まると地方をめぐって、古本屋で買っては自宅に送るという旅行をしたり、田舎の元貸本屋で貸本小説がたくさん見つかったときは、数人で共同購入したりしました。「貸本小説」というジャンルに気づいてから二、三年で、五百冊ぐらい集めたと思います」

同書は安くて変色しやすい本文用紙を使用し、時とともに古びる本だとアピールした。古本に関する本が盛んに出ていた時期でもあり、注目された。

「書評が書きたくなる本だ、なんて云われましたね（笑）」

同じ年、『彷書月刊』で「昭和出版街」を連載。そののち、PR誌『アスペクト』で『垣の外』の文学」を連載した。いずれも、出版史・文学史の主流ではない、まだジャンルとみなされていないものに注目している。

「目的を持って集めるのではなく、目の前に来てくれたものを読んで、その意味を考えるのが好きです。いろいろ見ていくうちに、これまでジャンルとして成立していなかったものを、ひとつの塊として認識できるようになる」

いま気になっているのは、戦前のユーモアものだという。

「たとえば、原田宏『夫婦戦線異状なし』（一九三〇）の主人公は、探偵小説の研究家で、テーマはドッペルゲンガーです。版元の中村書店はマンガで有名ですが、こういう奇妙なユーモア小説も出しているんです」

以前は即売会にも通っていたが、十年ほど前から行かなくなった。

「あるデパート展で、初日の開場に集まったマニアの列におばあさんが巻き込まれて倒れてしまった。それに目もくれず走っていくのを見て、自分もこうだったのかと、なんだかいっぺんに醒めてしまったんです。いまは目録やネットで買う方が多いですね」

それと、老眼で読書に根が詰められなくなったのも辛い。これについては、私も他人ごとではない。

自宅の本は以前は整理できていたが、東日本大震災と棚の老朽化でぐちゃぐちゃになって以来、諦め気味だという。

「もともと私以外には価値がない雑誌が多いですし、体系立ってもいません。私が死んだら捨てるしかないでしょうね」

しかし、その体系のないところに新しい山脈を発見するのが、末永さんという人なのだと思う。私はその成果が読める日を待っています。

「移動の記憶」と本が結びつくひと

猪《い》熊《ぐま》良《りょう》子《こ》さん

夏葉社、スタンド・ブックス、水窓出版、信陽堂など、いわゆる「ひとり出版社」と呼ばれる個人経営の版元の刊行物には、校正者として猪熊良子さんが関わっていることが多い。彼女は以前からの知り合いだが、版面から丁寧な仕事ぶりが伝わってくる。「新しくはじめた出版社では、校閲についての意見をしっかり聞いてくださいます。どんな装丁になるのか楽しみですし、書店での売れ行きも気になります」と、猪熊さんは云う。

一九六九年、高松生まれ。父は証券会社勤務で転勤が多く、猪熊さんは生後十か月で広島市に引っ越す。その後、小学三年生で沼津市、小学四年生で西宮市、中学三年で東京の文京区と引っ越しを繰り返す。

「両親の故郷が香川県なので、祖父母のいる高松には毎年帰省していました。丸亀町の〈宮脇書店〉本店や〈宮武書店〉で、よく本を買ってもらいました。大学生になって、古本屋の〈讃州堂書店〉にはじめて行きました」

猪熊さんは一人っ子。父は映画、歌舞伎、落語が好きな趣味人で、家には本がたくさんあった。歴史書、ビジネス書、雑誌など何でも読み、「家では父が本を読んでいる姿しか覚えていません」。母は文学少女で、高校のときに〈高松書林〉でアルバイトをしていた。当時刊行がはじまった『世界の文学』（中央公論社）を一冊ずつ集めたという。いまはその本を猪熊さんが受け継いでいる。

広島では、父の行きつけだった〈廣文館〉金座街本店で、本を買ってもらう。両親は、本に関しては好きなだけ買ってくれたという。

幼稚園のとき、マルシャーク『森は生きている』（湯浅芳子訳、岩波書店）の表紙に描かれたロシアの少女の絵に惹かれて、買ってもらう。その頃から「子どもだましに思えて」絵本はほとんど読まず、文字の本を読んでいた。「判らない文字があったら辞書を引きなさい」と、母から三省堂の辞書をもらい、ヨレヨレになるまで何度もめくった。

アレルギー体質だったこともあり、人が触った本は汚いと図書館には行かなかった。「自分で本を所有したいという気持ちもありましたね」。沼津に引っ越してから、友だちについて児童図書館に行ったが、借りるのに抵抗があり、そこで見つけた本を書店で取り寄せたりしていた。

小学三年生ごろには、文字がいっぱい詰まった本を読みたくなり、父の書棚にあった五木寛之、山本周五郎などを読む。西宮に引っ越すと、大丸芦屋店の中の書店に父と毎週行った。「車で行って、いちどに二十〜三十冊買うこともありました」。ここで平積みになっていた村上春樹『風の歌を聴け』を買う。その後、この作家の本は全部読んでいる。向田邦子はドラマも本も好きで、一九八一年に航空機事故で亡くなったときにはショックを受けたという。三宮や大阪の大型書店にも出かけている。

中学では「あまり練習に出なくていい」と聞いて演劇部に入るが、文化祭で主役に抜擢されストレスを感じた。子どもの頃から腰痛、肩こり、頭痛があったが、脊柱側湾症（背骨が曲がる症状）と診断されたのもこの時期だ。その後ずっと、この病気と付き合って生きている。

二年生のとき、近所の「寿市場」にあったボロボロで薄暗い小さな書店で、マッカラーズ『心は孤独な狩人』（河野一郎訳、新潮文庫）を買って読む。報われない愛を描いた小説で読むのが辛かったが、心に残る。それまで手当たり次第に読んできたが、今後はじっくり読もうと、新聞の書評を参考にしたり、父に聞いて本を選ぶようになる。

一九八四年、文京区に引っ越す。いくつか引っ越し先の候補があったが、夏目漱石や森鷗外のゆかりの土地である千駄木に住みたいと主張し、そこに決まった。現在の森鷗外記念館の位置にあった鷗外記念図書館で、アガサ・クリスティーが並んでいるのを見つけ、片っ端から読む。

「神保町にもはじめて行きましたが、古本はやはり埃っぽくて不潔だと思っていたので、新刊書店ばかり寄っていました。〈矢口書店〉で映画のパンフレットを探すぐらいです」

高校に入ると映画にのめり込み、授業をサボって映画館に通う。『ぴあ』の情報を見て、マイナー映画の上映会にも行った。

この頃は村上春樹ら同時代の作家を読んでいたが、父に神坂次郎の『縛られた巨人』を勧められて読み、南方熊楠に興味を持つ。

映画に明け暮れ、受験勉強を何もしていなかったので三年になって焦る。

「神保町の〈三省堂書店〉に行って、他の本は見ないようにして、参考書コーナーに直行しました。参考書を選ぶのが楽しかった」

その甲斐あって、青山学院大学の文学部日本文学科に入学。両親が転勤で東京を離れたため、護国寺の学生会館に入る。さまざまな大学に通う女子学生が二百名ほどおり、仲良くなった子と本の貸し借りをするようになった。

「先のマッカラーズ『心は孤独な狩人』も誰かに貸して失くし、しかたなく神保町の古本屋で探しました」

この頃もまだ古本へのアレルギーがあり、それが三十代まで続くのだった。

就職活動をするが決まらないでいるとき、新聞広告で文化学園文化出版局校閲部の募集を見つける。主婦のライフスタイルを綴った佐藤雅子『季節のうた』を出していた出版社だからと、受けてみる。面接ではこの本のことを話した。校閲のことは何も知らなかったが、文章の間違いを指摘する試験で褒められる。

採用され、『MRハイファッション』『ハイファッション』などの雑誌を担当。「誤植が少なくて有名な出版社でしたが、私は失敗つづきで何度か誤植を出してしまいました」。学生会館を出て一人暮らしをするが、給料は安く、本を買うお金もなかった。

「文化学園購買部で一割引きで本を買い、敷地内の大学図書館の本も借りました。新大塚に〈ノーベル文庫〉という貸本屋があり、そこで小説を借りました。あまりきれいな本じゃなかったけれど、しかたがない。貧乏が古い本へと向かわせたんです」

四年半ほど勤め、雑誌以外の校閲もやってみたいとフリーランスの校正者になる。その後、文藝春秋の『オール讀物』『文學界』や単行本の校閲を手がけるように。車谷長吉や西村賢太などの私小説が好きで、彼らの作品のゲラを担当するのが嬉しかった。

台東区池之端に引っ越した二〇一〇年、谷根千（谷中・根津・千駄木）で開催されている「不忍ブックストリートの一箱古本市」の助っ人（ボランティア）に応募する。

「友人も少なく、引きこもって仕事をしてばかりの生活をなんとかしたくて参加しました」

私が猪熊さんと最初に会ったのもこのときで、打ち上げの際に最後まで残って楽しそうに話していたのを覚えている。

しかし、古本嫌いだったはずなんじゃ……？

「なんででしょうね。当時は千駄木にあった〈古書ほうろう〉が入りやすい店で、本がきれいだったこともあるかもしれません。その後、雑司が谷の〈JUNGLE BOOKS〉のように、一箱古本市に出店した人が店舗を出したり、ほうろうから日暮里の〈古書信天翁《あほうどり》〉が独立したりと、知り合いの古本屋が増えたことで、古本がさらに身近なものになりました。また、「わめぞ」（早稲田・目白・雑司が谷で本のイベントを行なうグループ）にも関わって、「古本好きに悪い人はいない」と判ったことも大きいです」

地方の一箱古本市にも出向くようになり、仙台、盛岡、広島などの古書店を回るのが楽しみに。いまでは、旅行に行くときは古書店訪問をメインに据えるというから、大きな変化だ。

仕事面にも影響があった。ほうろうのイベントで、夏葉社の島田潤一郎さんに会って、同社の本の校閲を担当したことから、小さな出版社での仕事が増えていった。

二〇一九年八月、猪熊さんは神戸に部屋を借りて、東京との二拠点生活をはじめた。

「両親はいま高松に住んでいますが、高齢なので私が東京と高松を行き来する必要があります。その中間に落ち着ける場所がほしいと思ったんです。東京で引きこもって仕事をすることにも限界を感じていました。それで、神戸の春日野道の古い団地を借りたんです。古本屋で買った山本さほのマンガ『この町ではひとり』はこの街が舞台で、よく見ている風景が出てきます」

現在（二〇二二）は月に二回程度、東京を離れて神戸で過ごす。新刊やミニコミも扱う元町の〈１００３〉、沖縄に関する本を扱う岡本の〈まめ書房〉、六甲の〈口笛文庫〉などに行く。また、大阪や京都にも足を延ばし、本屋を覗く。

「やっぱり、明るくて埃っぽくない古本屋が好きですね。もっとも、二拠点生活をはじめて半年後に新型コロナウイルスが広まったので、まだあまり神戸を歩けていないのですが」

故郷の高松にも、古本屋の〈なタ書〉〈ＹＯＭＳ〉や新刊書店〈本屋ルヌガンガ〉などができて、充実してきたと話す。

子どもの頃から、引っ越しをするたびに増えた本を処分するのが習慣だったため、いまは手元にない本が多い。古本屋に行くのは、手放した本を探すためでもある。

「思い出のある本は持っていたいですね。あと、子どもの頃はまったく興味のなかった絵本を、古本屋で買うようになりました」

神戸に住むようになって、子どもの頃の記憶を掘り起こしたいと、神戸の古い地図を探したりしている。「移動の記憶」と本が結びついているのだ。

そんな猪熊さんが大事にしている一冊が、佐野英二郎『バスラーの白い空から』(青土社、一九九二)。十年ほど前、友人から「ぜったい好きだと思う」と勧められて読んだ。

「この本を読んでいると、どこかに埋もれている未知の書き手を探し出すことが編集者のもっとも重要な仕事だと思います。こんな文章を書く人がいたのかという驚きがありました。佐野英二郎さんは、文筆家ではなく商社員。この人の本は、亡くなられたあとに出されたこの一冊きりなんです。二〇一九年に同じ版元から新装版が出ています」

猪熊さんが積極的に小さい出版社の本の校閲をしているのも、「未知の書き手を探し出す」手伝いをしたいという思いからなのかもしれないと感じた。

都市を回遊し本と音楽に出会うひと

村上潔《むらかみきよし》さん

七、八年前だったと思う。京都で古本屋めぐりをしているときに立ち寄ったカフェで、一人の男性に声を掛けられた。私がTwitterでつぶやいたのを見て気づいたようだ。村上潔さんと名乗るその人は、小冊子を渡して去って行った。その頃から開催されていた「京都レコード祭り」を楽しむための副読本のような内容で、食事の間に楽しく読んだ。

「あれは自分で最初につくったＺＩＮＥでした。研究者としての仕事から離れたところで、ひとりでつくる楽しさがありました。レコード屋や古本屋で会った人に名刺代わりに渡していました」

それ以来はじめて会う村上さんは、画面の向こうでそう云った。村上さんは現在（二〇二一）、神戸にお住まいで、この取材はＺｏｏｍで行なった。

村上さんは立命館大学生存学研究所の客員研究員として、大きく云えば「現代女性思想・運動史」を研究している。『主婦と労働のもつれ——その争点と運動』（洛北出版）という著書があり、あとで触れるようにＺＩＮＥの研究も大きなテーマだ。村上さんのサイトに挙げられている論文・寄稿の一覧を見るだけで、関心の幅がとても広いことが判る。

村上さんはどういう経過をたどって、いまの村上さんになったのだろうか？　そこに古本はどう関わっているのか？

一九七六年、横浜市生まれ。二歳まで鵠沼海岸で過ごしたのち、三歳で町田市に引っ越し、二十七歳までそこで住む。一人っ子で、父は単身赴任が長く、母や母方の家族との暮らしが長かった。

記憶にある最初の本は、江ノ電の絵本だった。また、母の実家にある古い絵本を読んだことも覚えている。小学一年生のときに、自分の意志で買ってもらったのは、集英社版の『学習漫画 日本の歴史』全十八巻。

「なかでも鎌倉時代の巻が好きでした。大学で日本中世史を専攻するきっかけになったのかもしれません」

小学生の頃に読んだのは、子ども向けの落語や民話の本、童話集、江戸川乱歩、そして赤川次郎。中学生になると北杜夫の小説やエッセイを読む。

町田には〈久美堂〉という老舗書店チェーンがあり、村上さんは本店で本を買うことが多かった。

「高校（都立町田高校）二年の現代文の内田保男先生は、授業の課題で講談社学術文庫や岩波新書の黄版を読ませる名物教師で、久美堂の二階には内田先生がセレクトした本のコーナーがありました。加藤周一『雑種文化』、村上陽一郎『近代科学を超えて』、田中克彦『ことばと国家』など、高校生には難しかったけど、がんばって読みました」

一方、はじめて古本屋に入ったのは中学二年生のとき。

「『機動警察パトレイバー』の初期ＯＶＡシリーズにはまった流れで、そのマンガ版を担当したゆうきまさみの前作『究極超人あ〜る』を、近所の古本屋で買いました。中学では野球部だったのですが、その作品に出会った影響で、高校では校内でいちばん風変わりな部活に入ろうと決意し、超文系人間なのに〈理化部〉に入りました（笑）」

その後、〈高原書店〉に足を踏み入れる。一九七〇年代に町田で創業し、一時期は高円寺や新大久保にも支店があった。ここの出身者で古本屋を開業した人が多いのは、ご存知の通り。村上さんが通った店は、ＰＯＰビルの三階にあり、とても広かった。余談だが、私は昔、雑誌の企画でここで半日店員を体験したことがある。

「最初はいしいひさいちのマンガなどを買っていましたが、高校の頃は少し前のサブカル雑誌とか、古いプロ野球関係の本などの物珍しい本をネタ的に買っていた気がします」

本と並んで、当時の村上さんに大きな影響を与えたのは音楽だ。その出会いもやはり町田でのことだった。

理化部の先輩が編集したカセットテープと「電気グルーヴのオールナイトニッポン」の影響で、テクノやニューウェーブに興味を持ち、町田駅近くにあった〈Tahara〉でCDを買ったり、町田市立図書館で借りたりした。

「電気グルーヴ経由で音楽ライター・編集者の野田努さんの文章を読むようになりました。大学を出てからですが、野田さんが『ele-king』の後に編集を手がけていた音楽誌『remix』に、ベルリンの音楽グループについて寄稿したのが、私のライターデビューです。同誌ではその後、映画評の連載も任されました」

高校卒業後、予備校のあった神保町の古書店街を覗く。翌年、東洋大学史学科に入学。

「入学後すぐに中世史研究会に属し、報告や論文を発表しました。大学の図書館はよく通いましたね。その頃読んでいたのはカヌーイストの野田知佑の本です。風土・環境を守る意識や権力的なものへの批判が芽生えました。音楽の野田努さんと並んで、ダブル野田の影響を受けました（笑）」

また、大貫妙子のファンになり、彼女が書いた文章も読む。『散文散歩』というエッセイ集は「私の人生のバイブルです」と、村上さんは云う。

大学を卒業する少し前から、ミニシアターや名画座にも通いはじめた。古本屋で旧作映画関係の資料を買う機会も増えた。

修士課程を終え、立命館大学の博士課程に進学。主婦の研究をテーマにする。中世史とは一見かけ離れているが、「史料を前提とする点で、方法論はあまり変わりません」。京都の大学を選んだのは、東京以外の都市を知りたいという思いがあった。

上京区に住み、自転車で街をめぐる。

「〈あっぷる書店〉ではおもに女性作家の作品を文庫で買いました。〈カライモブックス〉は戦後の社会運動や環境問題に関する本が強いので、石牟礼道子や森崎和江、女性史関係、主婦のサークル誌など、多くの貴重な資料を入手することができました。〈100000t アローントコ〉では本だけでなくレコードもよく買います。店主の加地猛さんは「京都レコード祭り」の中心メンバーで、その縁で私も企画に関わる経験ができました」

神戸では〈トンカ書店〉（現・〈花森書林〉）に通った。

「あまりマンガは読まないのですが、古本屋でたまたま買った『美紅・舞子』という作品から西村しのぶにはまり、彼女の作品を集めるようになりました。エッセイマンガも含め、彼女の昔の作品はおもに神戸を舞台にしているので、その影響で神戸によく行くようになったんです。それが縁でいまは神戸に住んでいます」

氷室冴子、如月小春ら、一九七〇～一九八〇年代の都市で強い自律性を持った女性が書いた本が好きだと、村上さんは云う。それらの本はほぼ絶版になっており、古本屋のおかげで手に入る。

また、二〇〇八年頃、村上さんは、「ZINE」という言葉を日本に広めた野中モモさんが主宰するサイト「Lilmag」でZINEを買ったことがきっかけで、ZINEカルチャーについて調べるようになった。とくに海外のラディカルなフェミニズム運動のなかでのZINEに注目する。海外のイベントにも参加し、各地の企画にゲストとして招かれ、レクチャーを担当したりもする。ZINEに関する文献も継続的に蒐集している。「メディアが仕掛けるブームとは異なる、独自の発信に惹かれるんです」。

「あまりモノへの欲はない方だと思います」と云う村上さん。本の量はそれほど多くなく、段ボール箱に入れて家に置いている。

最近書いた論文は日本のウーマンリブ運動の見直しで、当時のミニコミやビラを蒐集・保管・公開する意義を説いたという（「地域のウーマンリブ運動資料のアーカイヴィング実践がもつ可能性――二〇〇〇年代京都市における活動経験とその先にある地平」、大野光明・小杉亮子・松井隆志編『〔社会運動史研究3〕メディアがひらく運動史』新曜社)。

町田、京都、神戸と都市で生活しながら、古本とレコードと出会い、それが研究にもつながっている。

そんな村上さんが「世界で一番大事な場所」と云うジャズ喫茶〈町田ノイズ〉に、近いうちに行ってみようと思っている。

雑誌のことが頭から離れないひとたち

大宅壮一文庫（鴨志田浩《かもしだひろし》さん　小林恭子《こばやしきょうこ》さん　下村芳央《しもむらよしちか》さん）

京王線八幡山駅から松沢病院を左手に静かな道を七、八分歩くと、大宅壮一文庫に到着する。

多方面で活動したジャーナリストの大宅壮一（一九〇〇〜七〇）が収集した明治・大正の雑誌を収める「雑草文庫」がもとになり、大宅が亡くなった翌年の一九七一年五月に、自宅の一部に「財団法人大宅文庫」が設立された（のちに大宅壮一文庫と改称）。出版社に協力を呼び掛け、雑誌の寄贈を募った。現在の蔵書数は約八十万冊・一万二千七百種類に上る。そのうち、約七千誌の創刊号を所蔵している。まさに雑誌の宝庫だ。

大宅壮一は一九五二年に『実録・天皇記』を執筆するために、古本屋をめぐって明治・大正の雑誌を集めた。このとき助手を務めた草柳大蔵は、「資料あつめは（略）古本屋での買いつけがなんといっても主流だった」と回想する（『実録・天皇記』の実録」、大宅壮一『実録・天皇記』角川新書）。

「大宅氏は即売会があると、私を伴って必ず出かけた。自分がゆけないと私に三万円か五万円かをわたし、「すこしくらい高いと思っても必要なものはおさえるんだよ」と念を押した。私は、百円札や千円札の札束を手にしてふるえながら、即売会に入っていった」（同）

草柳は古書即売会は「ほとんどが古本屋どうしの交換会」であり、大宅は知り合いの古本屋から「うちの店員のような顔をしていらっしゃい」と誘われたという。ただ、草柳は「古書会は二日あった。二日目にまた本が運びこまれるので、たいてい私だけが行った」とも書いており、入札をした記述もないことから、草柳が一般客向けの即売会と混同している可能性もありそうだ。

また、大宅は旅先でも古本屋に通った。娘であり現在、大宅壮一文庫理事長の大宅映子は、子どもの頃、父が旅先から送った荷物にはいつも古本しか入っていなかったと書く（「はじめに」、阪本博志編『大宅壮一文庫解体新書　雑誌図書館の全貌とその研究活用』勉誠出版）。

つまり大宅壮一文庫は、古本マニアがつくった図書館だと云えるのだ。

一九七四年に立花隆が『文藝春秋』に「田中角栄研究」を発表した際、田中角栄に関する資料をこの文庫で集めたことは有名だ。その後も、事件が起こるたびに雑誌やテレビの関係者がここに駆けつけた。

私は来館して調べたことは数えるほどだが、『大宅壮一文庫雑誌記事索引総目録』や「Web OYA-bunko」には非常に世話になってきた。昨年（二〇二〇）には出版業界紙で取材した際、書庫を見せてもらい、索引づくりについて聞くとともに、ここで働くひとたちがどのように本や雑誌と付き合ってきたかを知りたくなった。

そこで、同館職員の鴨志田浩さん、小林恭子さん、下村芳央さんに夜の閲覧室に集まっていただいた。なお、以下では大宅文庫もしくは文庫と省略する。

鴨志田「私がアルバイトとして大宅文庫に入ったのは、一九八五年です。当時、日本ジャーナリスト専門学校に通っていたんですが、総合科のクラス担任だった末永勝介先生から「ヒマなら来い」と誘われました。末永さんは大宅文庫の専務理事だったんです」

末永勝介は、鱒書房の編集者だったときに大宅壮一に出会う。その後、主婦の友社、春陽堂書店などで働き、ライターとなる。一九五八年には大宅を中心に「ノンフィクション・クラブ」を結成（一九五七年という説もあり）。青地晨、杉森久英、梶山季之らノンフィクションの書き手が集まる。幹事は青地だった。

一方で、末永は草柳大蔵とともに、大宅の集めた資料の整理に携わっている。

「末永は、かつて勤務した雑誌社『主婦の友』で、毎年一回年頭になると、前年一年分の雑誌の総目次を記録し、それが30年分1冊のノートに収められていたことを思いだした」（『大宅壮一文庫索引目録　新訂第二集』大宅壮一文庫）

大宅はこの話に興味を示し、それがのちの大宅文庫の「人名索引」「件名索引」の基礎になったという。

日本ジャーナリスト専門学校（以下、ジャナ専）は、一九七三年にみき書房の講座としてはじまり、一九八二年に専門学校となった。著名なライター、評論家が講師を務めた。初代校長は青地晨。末永が講師を務めたことも含め、ジャナ専と大宅文庫の距離は近かったと云えるだろう。

鴨志田「もちろん、最初は大宅壮一って誰？　という感じでした（笑）。はじめて書庫に入ったときは、山のような雑誌に驚きました。当時はエアコンもなく、本棚に雑誌がぎっしり詰まっていました。最初の仕事は、大宅邸の書庫から一九八五年に建てられた利用者棟の地下書庫への本の引っ越しでした。毎日肉体労働でした。ジャナ専卒業後もアルバイトを続け、二年後に職員となりました。だから、この中では私が一番古いですね」

小林「私が入ったのは一九九二年です。私もジャナ専の学生でした。講師の丸山実さんが発行していた『新雑誌X』を読んで、マスメディアには出ない情報がこんなにあるんだと驚きました。アングラな情報を面白がるようになるきっかけです」

小林さんはジャナ専を卒業するも、就職先が見つからなかった。担任には「あなたはあと二、三年どこかで遊んできたら」と云われた。そんなとき、授業を受けていた末永から大宅文庫でアルバイトを募集しているという話を聞く。

小林「休み時間は雑誌を読み放題と聞いて、そんなうまい話があるのかと思いました(笑)。行ってみると、好きな雑誌が創刊号から揃っていました。最初は利用者が請求する雑誌を書庫から出したり、コピーに雑誌のタイトルと発行年月日のスタンプを押す作業をしました。ちょっと間があると、雑誌を読みました。あの空間にいられるだけで楽しかったですね」

下村さんのきっかけは、図書館だった。

下村「母が大宮市(現・さいたま市)立図書館で働いていて、自分も図書館員になりたいと思っていました。大学卒業後に入った会社をすぐ辞めたときに、大宅文庫のアルバイト募集を知りました。母が大宅文庫はいい図書館だと云ったこともあり、面接に行きました。書庫に入って、『週刊朝日』がずらりと並ぶ様に圧倒されました。最初の仕事は雑誌を出して、運んで、しまうこと。場所を覚えるだけで一か月はかかりました。「書庫では歩くな、走れ」と教えられました」

鴨志田「十冊を五分で出せるようになれ、とも云われたな（笑）。私は階段から落ちたこともあります」

そして、三人はそれぞれの持ち場が決まっていく。

鴨志田「現在は事務局次長として、文庫の運営について担当していますが、以前はいろいろやってました。一番面白かったのは索引づくりですね。公共図書館と異なり、大宅文庫では時代ごとにキーワードが変わってきます。それまでの分類に収まらないテーマも出てきます。そういう意味では生きている資料館なんです」

小林「私は入って三か月後から索引づくりの仕事をさせられました。二年目からは『週刊ダイヤモンド』の担当になりました。経済は苦手だったので大変でした」

鴨志田「あえて苦手分野をやらせられましたね。私も女性雑誌の『ＦＲａＵ』の索引は地獄だった（笑）」

小林「あるとき『週刊ダイヤモンド』で原宿にユニクロが出店するという記事を見て、実際に行ってフリースを買ったりして、経済記事と生活がつながっているという実感を持ちました。それからは経済もそれほど苦手ではなくなりました」

下村「僕はコピーや、利用者への郵送サービスを担当しました。テレビ局に送った記事が番組で紹介されるのを観て、利用者が求める情報を調べるのが面白くなりました。先方の記憶があいまいな依頼にこたえて記事を探し出せると嬉しいです。その後、ホームページや索引づくりなどを担当しました」

下村さんは今年刊行された『大宅壮一文庫所蔵総目録』(皓星社)の担当者となり、「書庫に潜り込んで、62冊の目録台帳の修正や巻号の追加、データ入力などに取り組んだ」(同書)。

ここで、三人の本との付き合いを聞いてみよう。

鴨志田さんは一九六七年、東京都生まれ。両親と兄、妹の五人家族。子どもの頃に住んでいた日野市は公共図書館運動の盛んな地として知られ、鴨志田さんは多摩平児童図書館(現・多摩平図書館)に通い、新美南吉の童話や海外の絵本を読んだ。中学では学校の図書館でハヤカワ・SF・シリーズを読む。

中学の頃から、鴨志田さんには本屋の棚をウォッチする癖があった。

鴨志田「溝の口や生田など家の近くに六店あった新刊書店を回って、どこに何の本があるのか確かめるんです。ジャンルは問わずにすべての棚を見て、頭の中にメモをしていました。小遣いが少ないので、買うのは文庫本だけでした」

高校生のときには、神保町の楽器屋にバンド用の楽譜を買いに行ったこともある。「何の楽器をやってたんですか？」と訊くと、なにも演奏していなかったと答える。楽譜を自分の本棚に並べたかったというのだ。か、変わってますね。

鴨志田「高校のとき、出版の仕事に関わりたいと思うようになりましたが、大学入試に失敗し、ジャナ専に入りました」

大宅文庫に入ってからは、文庫で所蔵していない雑誌や本があれば、ブックオフなどで買う。

鴨志田「大宅壮一の本は集めています。それと、新潮文庫のブロンテ『嵐が丘』は父が愛読していました。父は三年前に亡くなって、『嵐が丘』も新潮文庫で新訳が出ていますが、父が読んだ版が欲しくてブックオフで買いました」

小林さんは一九七二年、新潟県見附市生まれ。両親、二人の妹、祖父母と一緒に暮らす。四歳で子ども用の図鑑を買ってもらって以来、物語よりも図鑑を読むほうが好きだった。その後、「学研まんがひみつシリーズ」を愛読。ほとんど全冊を集めたという。

小林「世の中のすべてのことを知りたいと思っていました。だから、雑学的にいろんなものが読めるいまの仕事はぴったりなんです」

中学ではコバルト文庫を読む。なかでも新井素子の『通りすがりのレイディ』が大好きで、「死ぬときはお棺に入れてほしいです」と話す。中学のときに友だちとつくった同人誌でも、新井素子について書いた。中一から日記をつけており、文章を書くのは好きだった。

高校になると、音楽雑誌の『PATi・PATi』『WHAT's IN?』、女性誌の『コスモポリタン』『SAY』などを読み、編集者かライターになりたいと思うように。そして、ジャヤナ専へと進む。

下村さんは一九七三年、埼玉県北本市生まれ。両親と弟二人の五人家族。父は考古学者で大宮市立博物館の館長を務めた。母は大宮市立図書館で児童書の担当だった。そのため、家には本がたくさんあり、幼い頃から母に絵本を読んでもらった。

下村「高校の頃はバンドブームで、僕もキーボードをやっていました。当時は大槻ケンヂがヒーローで、彼が書いた小説や、彼が薦める江戸川乱歩や寺山修司、荒俣宏などを追いかけるようになりました」

大学に入ると、神保町の古本屋に行くようになる。司馬遼太郎や三国志に関する本、古本屋が登場する京極夏彦の『姑獲鳥の夏』などを買う。

意外だったのは、三人とも古本屋にどっぷり浸かった経験がないことだ。小林さんなどはむしろ「古本屋は敷居が高いような気がする」と云う。早稲田の古書店街で百円均一棚を覗いたぐらいだという。

小林さんは新刊書についても、「大宅文庫に入ってからほとんど買わなくなりました」と云う。本屋に行くのは森林浴のようなもので、雑誌コーナーを眺めるのが好きだという。

鴨志田「私も雑誌コーナーが気になりますね。どのジャンルに何の雑誌が置かれているかとか、ムックがどう扱われているかを見ます。どこまでが「雑誌」なのかという定義にこだわってしまうんです」

下村「僕は本屋で雑誌の付録を見るのが好きです。大宅文庫では付録は別にして分館（埼玉県越生《おごせ》）に送ってしまうので」

やはり、職業意識が先に立ってしまうようだ。どこに行っても雑誌のことが頭から離れない人たちなのだ。

大宅文庫では二〇〇六年をピークに来館者もファクス利用率も減少している。経営の赤字も続いていたが、二〇一七年にクラウドファンデングで運営資金を募り、二〇一九年にはパトロネージュ制度を創設し、会費を財政改善の柱にしようとしている。また、大宅文庫を広く知ってもらおうと、毎月第二土曜日に、書庫ツアーを開催している（二〇二一年九月現在、新型コロナウイルス禍のため休止中）。

鴨志田「雑誌が売れなくなり、休刊が続いています。それでもすべてがデジタルに置き換わるわけではありません」

小林「コロナ禍で、学習用のドリルがよく売れたように、何かきっかけがあれば紙の雑誌に読者が戻ってくるかもしれません。文庫でも図書館振興財団主催の「図書館を使った調べる学習コンクール」に協力しています」

子どもと云えば、大宅文庫の職員の小学生の娘さんたちが、昨年『コロナのコロ』という冊子を発行。コロナ禍における子どもたちや保護者の本音を集めたり、医学の専門家に取材したりしている。現在四号まで発行し、話題になっている。大宅文庫で働く人たちの雑誌好きのＤＮＡが受け継がれているというのは、決めつけだろうか。

「大宅文庫のスタッフは全員活字が好きで、それぞれが何かしらのこだわりを持っています。文庫はそういう人が大事にされ、働きやすい場所なんです」と小林さんは云う。

雑誌を愛し、そこからいつも何かを発見している人たちが働いているからこそ、大宅文庫は五十年にわたって雑誌の宝庫であり続けたのだ。この場所がこれからも続いていくために、利用者である私もできる限りの応援をしていきたい。

ちょっとずつ「本の世界」に関わるひと

退屈男《たいくつおとこ》さん

この連載は、古本や古本屋と自分なりに付き合ってきた人に話を聞くことを目的としてきた。インタビューの場では、その人の話を引き出すために、私自身の体験を話すこともあるが、文章にまとめる際には極力カットしている。

しかし、以前からの知り合いだとそれがやりにくい。つい、自分の思い出を通して、その人を描いてしまう。相手と私を切り離して書きにくいのだ。だから、数人の例外を除き、旧知の人はなるべく外している。

最後に退屈男さんに出てもらったのは、最後にプライベートな友人の話を聞いてみたかったからだ。その話の中には当然、私も出てくる。友人と云っても、一回り以上年下で、ふだんは「退屈くん」と呼んでいるので、ここでもそう書かせてもらう。

二〇〇四年六月にはじまったブログ「退屈男と本と街」は、新刊書店や古本屋をめぐって買った本の話を書くという点では、ほかの本好きによるブログと変わらない。しかし、取り上げる本の雑多さと、それにまつわる情報の豊富さでは突出していた。一冊の本から、出版社のサイトに飛んで裏話を見つけ、書店でやっているフェアに触れ、その本に言及している個人のブログを紹介する。ひとつの記事は短いが、貼ってあるリンクをたどると、読むテキストは二倍にも三倍にもなる。

圧巻だったのは、二〇〇五年四月にはじめて開催された「不忍ブックストリートの一箱古本市」の二日後にアップされた「一箱古本市まとめリンク集」だった。主催者、店主さん、お客さんのブログの記事が七十本以上取り上げられている。これによって、一箱古本市に対する反応が目の前にドンと投げ出されたような気がした。

この第一回一箱古本市で、退屈くんは自転車で走る私を目撃しているそうだが、会話は交わさなかったように思う。はじめて話をしたのは、この年九月、私が谷中で開催した「一部屋古本市」に、退屈くんが参加したことだった。「こんなに若いのか！」とびっくりしたことを覚えている。日は違ったが、このイベントには当時は「書物奉行」と名乗っていた書物蔵さん（一三七ページ）も参加している。

その後、退屈くんは毎回、「一箱古本市まとめリンク集」をアップしてくれた。また、

「わめぞ」（早稲田・目白・雑司が谷で本のイベントを開催するグループ）にも加わり、さまざまなイベントを手伝う。本周りの楽しいことには、いつも顔を出している青年というイメージがある。

前置きが長くなったが、彼が「退屈男」になる過程をたどってみよう。

一九八二年、新潟県小千谷市に生まれる。祖父母、父母、二つ下の妹の六人家族。父は市役所に勤めていたので、家の本棚には行政の実務書ばかり。文学全集は屋根裏に眠っていた。

「絵本で覚えているのは、いわむらかずおの『14ひきの』シリーズや、『あしにょきにょき』（深見春夫）など。もう少し大きくなると、車や建物、昆虫などの図鑑を読みました。図解されているものが好きだったんです」

両親は本をよく買ってくれた。小学生になると、学習マンガのシリーズを買ってもらった。市内に書店がいくつかあった。自宅の斜め向かいに〈ブックス平沢〉という県内のチェーン店が本、ビデオ、CDの複合店を出店すると、しょっちゅう通う。

「父が仕事に関する雑誌、母は『暮しの手帖』や『主婦と生活』、僕は少年マンガ誌や小学館の学年雑誌を購読していました。父がプロ野球好きだったのに影響されて『週刊ベースボール』を読んだり、『ファミコン通信』を購読しました。投稿がはじめて掲載されたのも『ファミ通』です」

ナイター中継からラジオ好きになり、小学校低学年から深夜ラジオを聴くようになる。ラジオとの付き合いは、その後ずっと続く。

小学生では宗田理の「ぼくら」シリーズやスニーカー文庫などのライトノベル、中学生になると夏目漱石や太宰治、藤沢周平や山田風太郎などの時代小説も読んだ。しかし、小説よりはノンフィクションの方が好きで、中公新書や講談社現代新書の歴史ものを読んだり、山際淳司や近藤唯之のスポーツもの、現代教養文庫で佐高信が監修して復刊したノンフィクションの名作を読む。

「一方で、新潮文庫で泉麻人のエッセイを読み、そこから小林信彦、橋本治などのサブカル系に入っていきました。椎名誠周辺のエッセイや中野翠、山本夏彦、えのきどいちろうなど、コラムニストと呼ばれる人が好きだった。ブックス平沢にはちくま文庫の棚があり、そこで荒俣宏や赤瀬川原平、虫明亜呂無などを買って読みました」

文庫について、退屈くんは「当時は単行本から文庫化するまで、いまよりも時間がかかっていましたよね。だから、ちょっと古い本という感覚がありました」という。たしかに、この数年間のタイムラグが不思議だったり面白かったりしたのだ。先走って云えば、古本についても退屈くんは「ちょっと古い本」を好んで買っている。

「ブックス平沢には毎日通い、『広告批評』『ダカーポ』『ナンバー』『別冊宝島』などを立ち読みしました。買っていたのは、『レコード・コレクターズ』やゲーム雑誌、『モノ・マガジン』など。新発売の商品のスケジュールをマーカーでチェックしたりしていました（笑）。データを見ること自体が好きだったんです」

二〇〇〇年、法政大学二部（夜間）に入学する。父が公務員であることや、高校のとき岩波文庫で『石橋湛山評論集』を読んだことから、政治学科を選ぶ。昼間はゴルフ練習場やコンビニでアルバイトをして、夕方から授業に出た。

実家にいた頃、リサイクル系の古本屋で文庫を買ったことがあるが、神保町の古本屋に行ったのは、受験で上京したときが最初だった。大学に入ってからはときどき神保町に行ったが、店頭の均一台を覗くだけで、中に入ることはあまりなかった。

小竹向原に住んでいたので、西武池袋線沿線の古本屋によく行った。江古田では〈落穂舎〉〈根元書房〉、ブックオフなど。東武東上線の大山には〈ぶっくめいと〉があり、狭かったがちょっと珍しい文庫が買えた。

「ラジオを聴きながら散歩して、古本屋に寄り、公園で本を読むという生活でした。片岡義男や坪内祐三など読むものの範囲が広がりました」

やりたい仕事もなく、就職活動もしないまま留年し、五年で卒業したのは二〇〇五年三月だった。

在学中、先に書いたようにブログ「退屈男と本と街」を開始した。

「この頃、なにかの記事でブログというものがあることを知って、自分でもやってみることにしました。もともと日記を読むのが好きで、植草甚一のエッセイにどの本屋で何の本を買ったか書いてあるのが楽しかった。書評よりも本をめぐる動きの方が面白いと思って「本と街」ら「退屈男」をいただき、書評よりも本をめぐる動きの方が面白いと思って「本と街」と付けました」

そうして生まれた「退屈男と本と街」は、最初は自分の買った本や読んだ本についての日記だが、次第に、本好きのブログやサイトの紹介に主力が置かれるようになる。

「あまり知られていないけど、面白いと思うブログを紹介したかったんです。それで自分の行動の記録とリンクを一緒に載せました。あるブログと別のブログを紹介することで、こういう動きが起きていると伝えるようにしました」

ブログを通じて、古本好きとやりとりをするようになり、イベントで顔を合わせたりした。早稲田〈古書現世〉の向井透史さんら古本屋と知り合いになり、古書会館での即売会にも行くようになった。

「第一回の一箱古本市には、先日（二〇二一年三月）亡くなった作家の小沢信男さんが出店されていて、ご本人から『あほうどりの唄』を買ったのが思い出深いです。小沢さんや小関智弘さんが描く東京が好きなんです」

卒業後の退屈くんは、神保町の〈三省堂書店〉でアルバイトをする。知らない本が見られるのが面白く、古本屋に近いのもよかった。その頃、若き日の母親が、神保町のすぐ隣の神田三崎町にあった製本工場で十年間働いていたことを知った。「〈近くにあった喫茶店の〉〈エリカ〉はまだあるの？」などと聞かれ、驚いた。近代映画社の『スクリーン』などを製本する会社だったという。

その後、複数の出版社や図書館、古本屋で働いてきた。しばらく会わないと、もう別のところにいるという印象だ。これだけ本に詳しいのだから、どこかに落ち着いたらいい仕事をするはずなのにと、私は勝手に心配していたが、本人は「本のいろんな面に関わることができて面白い。僕にはこういうのが合っているみたいです。わめぞのイベントでもそうですが、雑用とか補佐が好きなんです」と話す。

現在はある出版社で営業の仕事をしながら、二つの古本屋でアルバイトをしている。ほとんど休みもないようだが、いろいろなところにちょっとずつ関わるというスタイルが彼には向いているのかもしれない。

ブログは二〇〇八年頃から更新が減り、その後はTwitterに移行する。「もともと僕には文章を書きたい気持ちはあんまりないんです」。

ブログをはじめたことで、好きだった書き手に会うことができた。「亡くなったノンフィクション作家の黒岩比佐子さんとも、ブログを通じて知り合いになれました。自然に知り合いが増えていくのがよかったです」。

本好きではあるけれど、モノとしての本にはそれほど興味がなく、電子書籍で読むことも多い。以前は部屋が本だらけだったが、引っ越しをするたびに処分して、いまは本棚に収まるだけしかない。

「古本屋の仕事で宅買い（出張買取り）していると、人のコレクションに触れるのが面白くなって、自分の本へのこだわりが薄くなっていきました」

最近買った古本を見せてもらうと、『僕等の生活絵物語』という冊子を見せてくれた。スケッチブックに手描きされたもので、戦前の寮生活を描いている。バイトしている古本屋で買ったものだという。

もうひとつは、文藝春秋のＰＲ誌『本の話』。一九九〇年代のものを三十冊ぐらいまとめて買った。「この時代の特集がいいんですよね。ＰＲ誌は前から好きで、本屋でもらって風呂で読んでいました」。

自分の読書は「雑食性」だと云うとおり、そのときの興味がおもむくままに、古本屋で見つけた本を買ってきた。何かにとらわれることがなく、とても自由だ。

「今後は、地方の本屋に行ってみたいですね。あと、ずっとラジオが好きなので、ラジオと本に関することに、なにか関われたらと思います」

この文章を書くために、久しぶりに「退屈男と本と街」を開いてみたら、まだ本人と会う前の二〇〇五年一月に「二〇〇四年の五冊」という記事が見つかった。私の最初の単行本『ナンダロウアヤシゲな日々　本の海で溺れて』（無明舎出版）について書いている部分を、気恥ずかしいが引用する。

「『本の海で溺れて』とあるが、ただひとり溺れるだけでない。南陀楼さんはその海の泳ぎ方がじつによいのだ。そして、おなじように本の海を泳いでいるひとたちを見つけ、接し、また外にそれを伝えていく。そのことによって、読者は、本の海のまだ知らぬ領域まで泳ぎすすむことができる。

ぼくのすきな『ふらふら』感を、けっこう感じられるところもいい」

この一文を読んで、退屈くんの雑食性とちょっとずつ関わるスタイルは、自分にも共通していると気づいた。だから、たまにしか会わなくても、彼のことがなんだか気にかかるのだ。

退屈男くんは、古本を通じて出会った大切な友人である。これからも。

おわりに　私が古本マニアだった頃

本書を読んで、自分が思っている「古本マニア」とは違う、と感じる人がいらっしゃるかもしれません。

最大公約数的な古本マニアのイメージは、次のようなものでしょうか。

ヒマさえあれば古書店をめぐり、古書目録やネットオークションをチェックする。即売会には初日の開場前に並ぶ。本の数が多すぎて整理ができず、いつも買ったはずの本を探している。地震で自宅の本の山が崩れたことを嬉々としてSNSでつぶやく。

紀田順一郎の『古本屋探偵の事件簿』や梶山季之の『せどり男爵数奇譚』、あるいはジョン・ダニングの『死の蔵書』などフィクションからの影響もあるのかもしれません。古本がテーマのミステリに出てくる人物は、たいてい自己中心的で執念深い嫌な奴ばかりなのです。それに対して、新刊書店や図書館を舞台とする小説やマンガには、こういうタイプの人物はほとんど登場しません。同じ本を扱う仕事なのに、この差は不思議です。

本書に出てくるなかでは、地下本を蒐集する七面堂さん、図書館絵葉書を集める書物蔵さんのように何らかのコレクションをしている人や、古書店や即売会に足しげく通う井下拓也さんやかわじもとたかさんらは、従来の古本マニアのイメージに近いかもしれません。

一方で、古本屋で買うことにこだわらない人や、本をため込むことには興味のない人も出てきます。でも、その人が古本マニアとして「薄い」とは、私は思いません。というよりも、「濃い」古本マニアを集めたいとは最初から考えませんでした。

それよりは、その人の生活のなかに古本と古本屋（あるいは本と本屋）がどういう位置を占めているかを聞いてみたかったのです。そのため取材時には、その人の記憶にある最初の一冊から読書歴と本屋歴をたどっていきました。そういう人たちの話を集めることによって、「本好きの生活史」のようなものが描けないかと漠然と考えたのです。その意味では、『蒐める人』（皓星社）よりも『本好き女子のお悩み相談室』（ちくま文庫）の続編的なものになりました。

ですから、本書に登場する人たちを「古本マニア」とくくることには、もともと無理があるのかもしれません。でも、この言葉に広い意味を持たせたくて、あえてタイトルに使いました。

人選にあたっては、世代や職業、好きな本の分野がなるべく重ならないようにしました。また地方に出かける機会を利用して、東京以外に住む人の「古本と生活」を聞きました。「日本の古本屋」メールマガジンでの連載中に、新型コロナウイルス禍が起こったため、何人かには慣れないリモート取材を行ないました。知り合いの古本屋さんや古本好きの人に「話を聞いたら面白い人いませんか？」と尋ねて、紹介してもらった例もあります。なお、古本について自伝的な文章を書いている著者や、プロの古本屋さんは対象としませんでした。

依頼しても、「古本マニアではない」「コレクションなんてしていない」などという理由で断られることがありました。引き受けてくださった方も、かならず「そんなに話せることはないですよ」と躊躇されるのですが、いざ取材の場になると、こちらがお腹一杯になるほど本に関するエピソードを話してくれました。

＊

では、私自身は「古本マニア」なのでしょうか？

いまは、そうではありません。私が古本マニアだったと云えるのは、二十代半ばから四十代前半にかけてのせいぜい二十年間です。

大学生の頃は、『全国古本屋地図』を片手に東京や地方の古本屋をめぐるのが、ひたすら楽しいだけの古本好きでした。卒業後、復刻版の出版社で編集のアルバイトとして働くようになってから、資料探しの名目で即売会に通い、古書目録を取り寄せるようになりました。会社が内神田にあり、大学院の研究室もお茶の水だったので、神保町の古本屋や古書会館に通うのが日常でした。

復刻の企画で、小学生からファンだったSF作家の横田順彌さんにお会いし、ご自宅に何度か伺って貴重な本を見せていただきました。即売会のあと横田さんに連れられて、古本仲間が集まる喫茶店に行ったこともあります。そこでお会いしたのが、大正文学研究者の福田久賀男さんです。福田さんは私がいた出版社が出した『千葉亀雄著作集』の編者でもありました。別の機会には、横田さんに当時『東京人』の編集者だった坪内祐三さんを紹介されました。また、評論家の草森紳一さんとも知り合いになり、門前仲町の行きつけの喫茶店で本の話を伺いました。いまはどなたもこの世にいないことが信じられません。

もちろん、この方々の著作には多大な影響を受けました。例として、福田さんの『探書五十年』(不二出版)から引用します。ちょっと長いですが、真性の「古本マニア」の姿をよく表していると思うので。

「炎暑の夏も、極寒の冬も、雨が降ろうが、風が吹こうが、この日ばかりは早く起きて、私が絶対欠かさないのが、神田古書会館で開催される毎週金曜、土曜の古書展通いである。役所勤めを辞めてフリーになってから、ピンチ・ヒッターという恰好で私立大学の非常勤講師を三年ばかりつとめたことがあるが、金曜の出講だけは勘弁して貰ったほど。古書展は神田以外でも、高円寺・高田馬場・五反田（以前は荻窪・渋谷・麻布などで開催されていた）でも開かれており、デパート展まで含めれば、平均週に二日はこのために費やすことになる。（略）一回でも顔を出さないことがあると必ず誰かから電話が掛かってくる。二、三度行かなかったら、あいつ遂に死んでしまったのかと噂されるだろうといって、古書展通いの仲間達は笑う」

このような、「好き」のレベルを超えた執念に、当時の私は憧憬を抱いていました。自分もこうなりたいと。

一九九七年に『季刊・本とコンピュータ』（『本コ』）の編集者となってからは、収入が安定し、時間も自由になったので、古書展通いに熱中しました。古書店サイトの勃興期でもあり、それぞれの店のカラーがありました（その後、Amazon と Google の登場によって、牧歌的な時期はすぐ終わります）。当時、私が集めていたのはマッチラベルの貼込帖と、書物趣味や蒐集趣味の本や雑誌でした。その頃は後先考えずに、万単位の本を買っています。古書目録でもひんぱんに注文していました。古本屋さんから見たら、当時の私は「太客《ふときゃく》」だったのだと思います。

二〇〇〇年からは古本情報誌『彷書月刊』で、「ぼくのオンライン古書店採点表」の連載がはじまります。翌年には、「ぼくの書サイ徘徊録」とタイトルを変えて、二〇一〇年の終刊号まで続きました。二〇〇二年には、前後して書物同人誌『sumus』と文学同人誌『舢板《サンパン》』の同人となります。当然、古本マニアや古本屋さんとの付き合いが増えていきました。この頃は、無邪気に本集めを楽しんでいました。その浮かれた様子は、『蒐める人』に収録した当時のインタビューにも明らかです。

しかし、四十代に入ると、私は古本マニアから「降りる」ことになります。

その大きな理由は、現実的な話ですが、経済的な基盤でした。『本コ』が終刊となり、フリーランスになってやっと生活の厳しさに気づきました。貯金がどんどん減っていくなかで、それでも目録で高い本を買っていたのですから、いつかは行き詰るはずです。

本の置場所も切実になってきました。それまでは無制限に本を増やし、置ききれなければ実家に送りつけていたのですが、さすがにそれもできなくなった。資料のつもりで買った本はどこかに紛れ込んでしまい、もう一度買ったり、図書館で借りたりしていました。「どうせ本は見つからない」のがアタリマエになりました。

でも、こういったことは愚痴にすぎません。古本マニアなら誰でも直面する問題です。私が持ちこたえられなかったのは、ずぼらで、気が多くて、根気がなかっただけなのです。これまで会ってきた先輩たちにはとても敵わないと思いました。

もうひとつのきっかけは、一箱古本市です。二〇〇五年に東京の谷根千（谷中・根津・千駄木）で不忍ブックストリートを結成し、誰でも「店主」になれる一箱単位の古本市を開催しました。そこで気づいたのは、本を媒介としたコミュニケーションの楽しさでした。そこには必ずしもレアな本やマニアックな知識は必要ありません。私はそこで、いわば「古本マニアの呪縛」から解放されたのです。

一箱古本市が各地で開催されるようになると、そちらの方が忙しくて、即売会にはほとんど行かなくなります。いつのまにか古書目録も届かなくなりました。

そして、二〇一一年三月十一日の東日本大震災を迎えます。書棚の本が床に落ちて、地層のように積み重なっています。同じ年に離婚したこともあり、それらの本を元に戻そうとする気力すら起きませんでした。そのことを忘れるように、被災地に本を送る「一箱本送り隊」の活動に熱中しました。二〇一三年夏に〈石巻まちの本棚〉が設立されたときには、本棚が外に向かって開かれることが素晴らしいと感じました。しかし、だからと云って、自分の本をすべて寄贈するまでには踏み切れませんでした。その後も「共有」と「私有」との間で揺れ動いています。

古本マニアから降りたことには、いい効果もありました。それまで他の古本マニアに抱いていたライバル心や嫉妬がなくなって、素直にその人の話を聞けるようになったのです。それから私の「採集」の旅がはじまりました。

*

本書の企画は、二〇一八年八月に東京古書会館で開催されたカラサキ・アユミさんと書物蔵さんのトークイベントの打ち上げ会場で浮上しました。「日本の古本屋メールマガジン」を編集する〈とんぼ書林〉の藤原栄志郎さんが、「なにか書きませんか?」と声を掛けてくれたのです。カラサキさんの『古本乙女の日々是口実』と私の『蒐める人』を出版した皓星社の晴山生菜さんが、連載の編集を担当してくれることになりました。晴山さんは連載から単行本化までずっと伴走してくれました。

装画とカットは武藤良子さんが描いてくれました。その絵の良さを装丁の横須賀拓さんが、最大限に引き出してくれました。二人とも本を通じて知り合った友人なので、一緒に仕事ができてよかったです。

お話を聞かせてくださった方々に感謝するとともに、登場する古本屋、新刊書店に敬意を表します。

今年に入って、『雲遊天下』編集長の五十嵐洋之さん、作家の小沢信男さん、ブックデザイナーの平野甲賀さんと桂川潤さんの訃報に接しました。多くのことを教えていただいたことに感謝します。

そして、昨年亡くなった母へ。実家の書庫にある本の場所を電話で正確に指示するので、「恐ろしい子に育った」とぼやいていましたね。病院に見舞いに行ったときには、「あんた、まだナンダロウやっとるかね」とつぶやいていました。はい、いまでも、なんとかナンダロウやってますよ。

古本マニアではなくなったけれど、これからも本と一緒に生きていくのだと思います。私にはそれ以外の生きかたはできないようですから。

二〇二一年十月十七日　雨の東京にて

南陀楼綾繁

装画・挿絵　武藤良子
ブックデザイン　横須賀拓

雑本堂古書店……12
戸田書店……14
Fish on……174
ブックスはせがわ……12
ブックス平沢……253
ブックセンター長岡……13
古本もやい……174
文信堂書店……13

静岡

するが書房……158
戸田書店……158
谷島屋書店……159
山一書店……157

愛知

ヴィレッジヴァンガード……79
人文書籍ウニタ書店……180
千代の介書店……179,180
ふるほん猫又文庫……79
ふるほん文庫やさん……79
古本まゆ……179

京都

アスタルテ書房……219
あっぷる書店……237
カライモブックス……237
古書善行堂……33,156,180
100000t アローントコ……237
書砦 梁山泊……166

大阪

旭屋書店……172,209
加藤京文堂……208
紀伊國屋書店……171
天牛堺書店……211
天牛書店……159
文庫櫂……165
ボーケンオー……209
本は人生のおやつです!!……91

兵庫

岩崎書店……52
海文堂書店……92,93
口笛文庫……231
九濃文庫……48
コーベブックス……92,172
三耕堂……52
1003……180,231
トンカ書店⇨花森書林
日東館書林……92
花森書林……90,93,94,237
ハニカムブックス……93
伏見屋商店……51
文藻堂……53
まめ書房……231
丸善……92

鳥取

岡垣書店……118
定有堂書店……116
西谷敬文堂……118
富士書店……117

島根

郁文堂……184
にっこり文庫……184

岡山

万歩書店……32,34
蟲文庫……30

広島

廣文館……226

香川

讃州堂書店……69,226
高松書林……226
なタ書……231
古本 YOMS……67,231
へちま文庫……73
本屋ルヌガンガ……73,231
宮武書店……226
宮脇書店……69,226

長崎

メトロ書店……150

熊本

天野屋書店……106
紀伊國屋書店……106
金龍堂……106
古書汽水社……106
舒文堂河島書店……104,106,162
タケシマ文庫……106
長崎書店……106

イギリス

Coch-y-Bonddu Books……187

索引

本書に登場する書店と地域文庫を、県ごとの五十音順に排列しました。
閉店しているお店もありますが、区別なく採録しました。

北海道

石川書店……40
弘南堂書店……40,162
書肆吉成……36
南陽堂書店……40

宮城

アイエ書店……20
石巻まちの本棚……266
開成堂……21
金港堂……20
ジュンク堂書店……21
高山書店……20
book cafe 火星の庭……18
宝文堂……20
萬葉堂書店……21

岩手

高松堂書店……200

茨城

友朋堂書店……39

群馬

TSUTAYA……43

東京

青猫書房……146
あきつ書店……64,212
旭屋書店……145
イエナ……101
石井書店……127
石川書店……144
石黒書店……64
稲垣書店……58
岩森書店……185
鶉屋書店……146
ウニタ書店……63
往来堂書店……206
奥村書店……192,195
虔十書林……99
古書信天翁……230
古書往来座……57
古書音羽館……71
古書落穂舎……255
古書現世……168,256
古書西荻モンガ堂……135
古書ほうろう……48,230
小宮山書店……27,203
根元書房……255
ささま書店……71,192,204
三省堂書店……42,191,228,257
三茶書房……28,45
山陽堂書店……139
石神井書林……193,212
JUNGLE BOOKS……230
書肆アクセス……161,194
信愛書店……101
進和文庫……87
崇文荘書店……120
盛林堂書房……54,102
叢文閣書店……162
高野書店……146
高橋書店……64,212
高原書店……235
竹田書店……132
月の輪書林……65,133,193
ツヅキ堂書店……127
東京堂書店……177,191
都丸書店……71,133
豊田書房……192
鳥海書房……113
とんぼ書林……267
中野書店……212,221
夏目書房……28,60
南洋堂書店……59
虹書店……64
西村文生堂……151
ノーベル文庫……229
早川図書……163
明屋書店……132
久美堂……235
扶桑書房……195
ブックファースト……202
ぶっくめいと……255
古本酒場コクテイル……73
古本よみた屋……192
文献堂書店……64
紅谷書店……56
芳林堂書店……146
明正堂……99
森田書店……101
矢口書店……58,228
喇嘛舎……126

神奈川

東京書房……151

新潟

新井堂……14
北書店……111,169,174

南陀楼綾繁（なんだろう・あやしげ）

1967年、島根県出雲市生まれ。ライター・編集者。早稲田大学第一文学部卒業。明治大学大学院修士課程修了。出版、古本、ミニコミ、図書館など、本に関することならなんでも追いかける。

2005年から谷中・根津・千駄木で活動している「不忍ブックストリート」の代表。各地で開催される多くのブックイベントにも関わる。「一箱本送り隊」呼びかけ人として、石巻市で本のコミュニティ・スペース「石巻まちの本棚」の運営にも携わる。

著書に『ナンダロウアヤシゲな日々』（無明舎出版）、『一箱古本市の歩きかた』（光文社新書）、『町を歩いて本のなかへ』（原書房）、『編む人』（ビレッジプレス）、『本好き女子のお悩み相談室』（ちくま文庫）、『蒐める人』（皓星社）、『本のリストの本』（共著、創元社）などがある。

古《ふる》本《ほん》マニア採《さい》集《しゅう》帖《ちょう》

2021年12月15日　初版第１刷発行

著　者　南陀楼綾繁

発行所　株式会社 皓星社
発行者　晴山生菜
〒101-0051 東京都千代田区神田神保町3-10 宝栄ビル6階
TEL：03-6272-9330　FAX：03-6272-9921
Mail：book-order@libro-koseisha.co.jp
ウェブサイト：http://www.libro-koseisha.co.jp

印刷・製本　精文堂印刷株式会社

乱丁・落丁本はお取替えいたします。
ISBN：978-4-7744-0750-0